Power to survive toward 2050
Terawaki Ken

寺脇研

2050年に向けて生き抜く力

序章

21世紀の世界がどのようなものになろうとしているのか、2008年こそ明確になった。この1年をとおして、これからの世界が進む方向がはっきりしてきたのである。まず、00年の沖縄サミット以来8年ぶり、08年に日本で開かれた北海道洞爺湖サミットに、その兆候は現れた。

「洞爺湖サミット」が示した2つの意義

このサミットには、そこで何かを決定するという意味においては具体的な成果はほとんどなかった。しかし、別の意味で、大げさにいえば世界史に残るような画期的なものになったと思う。それは、開催国で議長役の福田康夫首相（当時）の手柄でもなければ他のどの首脳の力によるものでもない。08年という時点においてサミットを開くこと自体がもたらす運命だったといってもいいだろう。

まず、第1の意義は、21世紀の世界が直面している、とてつもなく困難な課題を全世界の人々にはっきりと認識させる契機となった点だ。地球温暖化をはじめとする環境問題、世界的な食料不足と価格高騰という食料問題、石油の不足と価格高騰などのエネルギー問題、これら3つの問題が人類に破局をもたらしかねないほどの深刻な状態にあるのが、サミットでの議題となったことによって明白になった。古くは70年に世界の学者100人によって結成されたシンクタンク「ローマクラブ」が72年にまとめた「成長の限界」が予見した状況が、今、現実のものとなってきている。

第2には、世界の覇権構造の変化が決定づけられた点である。地球を破滅から救うのには、従来世界をリードしてきた8大国＝G8＝アメリカ、イギリス、フランス、ドイツ、イタリア、カナダ、日本、ロシアだけでは不可能になったことがはっきりした。G8に次ぐ経済力がある（すなわちCO_2の排出量が多い）新興の国々＝中国、インド、韓国、南アフリカ、ブラジル、オーストラリア、メキシコ、インドネシアの8ヵ国を加えない限り実効性が担保できないと、他ならぬG8自身が認めたわけだ。

G8が16ヵ国（G16）に

8ヵ国の話し合いの延長戦のような形で、新興8ヵ国を加えた16ヵ国によるMEM（Major Economies Meeting　主要経済国首脳会議）がサミット日程のなかに位置づけられた。この拡大首脳会議は、09年イタリアで開かれるサミットでも行われることが決まっている。

すなわち、8大国首脳が世界をリードする体制は終わりを告げたのだ。今後は、この16ヵ国首脳が話し合って世界の方向性を決めることになっていくだろう。

この16ヵ国が従来からCO_2排出削減を話し合ってきた経緯から、今のところＭＥＭの議題は地球温暖化などの環境問題に限られているものの、いずれ当然ながら、食料問題やエネルギー問題にも及んでくるに違いない。というのも、３つの問題は相互に密接な関連をもっているからである。環境の悪化は食料生産の主力である農業や水産業を直撃するし、環境問題とエネルギー問題は連動する。また、穀物を使って石油代替のバイオ燃料を作れば食料危機に拍車がかかる。そして、それらすべての要素は、工業生産の抑制や投機の過熱化などの形で各国経済に影響を与えるのである。

同時に、こうした覇権構造の変化は地域間の力関係をも左右する。Ｇ８がヨーロッパ5ヵ国、北アメリカ2ヵ国、アジア1国と偏ったメンバー構成なのに対し、ＭＥＭにはアジア4ヵ国とオセアニア、アフリカ、中部アメリカ、南アメリカ各1国が加わり、世界地図上のバランスもとれている（カバー裏絵参照）。

激動のなか、21世紀の世界の動き方が見えてきた！

200国近い加盟国があるという裾野の広さをもつ国際連合では、機敏に対応しきれない大きな議論をするために当初は7ヵ国、後にロシアを加えた8ヵ国の首脳が「頂上」で出会おうというのがサミットだった。それが16になるのが、今、はっきりしつつある。

この2点がもつ意義は、実に大きい。世界全体が右肩上がりの成長を続けてきた20世紀までと違い、21世紀は先の見通しが暗くなるような厳しい問題を数多く乗り越えなければならないこと。また、乗り越えるためには軍事大国や経済大国が力や金で解決するのではなく、あらゆる地域の多くの国々が協調して問題に立ち向かっていく「共生」の考え方が不可欠なこと。これらの方向性が動かしようもなく明確になったのである。21世紀の世界の動き方が定まってきたと言い換えてもいい。

もうひとつの世界注目行事であった08年の8月の北京オリンピックでも、そうした21世紀の動向は如実に表れていた。チベット独立運動の件では、より力が強く豊かな民族が固有の歴史や文化をもつ他民族を「善導」するために支配してやるという20世紀までの考え方がもはや通用しないことが明白になった。また、「平和の祭典」の開会式の日に起きたロシアとグルジアの戦争は、これまでの秩序による世界が依然として平和を達成できないことを強烈に印象づけた。原因はグルジア国内の少数民族独立運動であり、「共生」がない限り平和は訪れないのだと改めて感じさせられる。

覇権国家同士の、あるいはイデオロギーの異なる東西陣営の「競争」が行われ、その勝利者が世界を平和に治めるという帝国主義時代以来の発想は、はっきり終わっている。冷戦の勝利者であるアメリカが、アフガニスタンやイラクを「善導」できているかどうかを見ればいい。今世紀初頭に起きた「9・11テロ」の意味したものが、いよいよはっきりしてきた。「競争」でなく「共生」によってこそ、21世紀に平和がもたらされる。

そのためには、異なる歴史、文化、言語をもつ人々とのコミュニケーションや、異文化理解につながる芸術文化の振興、他者の立場にも敬意を払う多角的思考、さまざまな局面に対応するための豊富な体験活動、相反するものも含め多くの要素を考慮して結論を導く総合的な考え方……といった力が、これまで重視されてきた経済競争や軍事競争、科学技術力競争に勝ち抜く力に優るとも劣らぬウェイトで必要となってくる。

１００年に一度の？　世界規模の金融危機！

さらに08年10月には、アメリカに端を発して世界規模の金融危機、景気減速、株価下落という１００年に一度の？「大恐慌」のニュースが世界を駆け巡った。この問題も、もはやアメリカ１国で、あるいはＧ８諸国だけで食い止められるものではない。経済の面からの世界の変化を印象づける出来事だった。

この世界規模の経済問題を話し合うために設けられた枠組みは、サミットの際の16ヵ国からさらに範囲を広げたＧ20と呼ばれる国々である。同年11月15日、ワシントンでＧ20首脳会議が開かれた。これはＭＥＭの16ヵ国に、さらにアルゼンチン、サウジアラビア、トルコ、ＥＵを加えたものである。ＥＵにはＧ20に国として参加しているイギリス、フランス、ドイツ、イタリア以外に23の加盟国がある。したがって、Ｇ20といいながら実質は直接参加する19ヵ国と間接に参加する23ヵ国、合計42の国々が、世界経済をどうしていくか決定する議論に加わっていることになるのである。

Ｇ７とかＧ８とかで、ひと握りの先進経済大国が世界の動向を決してきた時代は、もはや終わっている。Ｇ８諸国の人口は合計して10億人。地球の人口67億の15パーセントを占めるに過ぎない。それがＧ20なら、合計約45億人となり全人口の３分の２で議論して決めていくことになった。まさに、地球全体で未来を議論していくときが来たのである（カバー裏絵参照）。

ちなみに北京オリンピックでメダルを獲得した参加国・地域は87に上った。大国が国際競争を勝ち抜いて世界を支配するという考え方は明らかに過去のものとなり、多国間で協調する共生の発想が重要になってくるだろう。

教育のあり方と密接な関係をもつ世界の動向

08年に顕著になった変化について長々と述べてきたのは、21世紀の世界の動向がとりもなおさず、われわれの社会における教育のあり方と密接な関係をもってくると考えるからである。いうまでもなく、子どもたちは未来へ向かって生きていく。子どもたちに身につけてほしい力は、未来を生き抜く力以外の何ものでもなかろう。

習熟度別学習や総合的学習の導入などによる画一主義教育から個別教育への移行、暗記中心から考える力を重視する新しい学力観の確立、学校週５日制の完全実施による家庭や地域の教育力再建、自然体験や勤労体験をとおして心や身体の充実を図ると共に他者に対するコミュニケーション能力の向上を図る……等々を狙いとした02年実施の教育諸改革は、ひとえに未来を生き抜く力を養成する目的をもって構想された。

その淵源となった87年の臨時教育審議会答申、具体的道筋を示した96年の中央教育審議会答申共に、未来を生き抜く力をどう育てるかがテーマとなっているのは、2つの答申を読めば明らかである。中央教育審議会答申は「21世紀を展望したわが国の教育の在り方について」と題されており、そこで唱えられた「子どもに『生きる力』と『ゆとり』を」という考え方であり、ここでいう「生きる力」とは、21世紀を生き抜く力に他ならないのである。だとすれば「ゆとり」は、その力を身につけるために必要なものとして提示された。

96年に示されていた21世紀の未来像「共生の社会」

そのとき臨時教育審議会や中央教育審議会のメンバーが英知を結集して考えたのは、来たるべき21世紀の未来像だった。それは、19世紀や20世紀の教育が前提とした発展の一途をたどる明るい未来ではなく、さまざまな困難が想定されるものだったし、それに立ち向かうために競争でなく「共生の社会」が必要になると考えられていた。96年から02年にかけて改革のスポークスマン役を務めた私が国民の皆さんに対して行った説明もその線に沿っている。当時の私の発言や著書を見ていただければ明白だ。

00年に教育改革国民会議を設置して、この改革を推進しようとした故小渕恵三首相の諸演説を首相官邸ホームページの「歴代内閣情報――小渕恵三総理大臣」でご覧になるといい。小渕首相の頭のなかにあったのは、臨教審や中教審が考えたのと同じ方向の未来像だった。開催を前に急死した小渕首相が心血を注いで準備した00年沖縄サミットまでは、21世紀を環境、食料、エネルギーなどの諸問題に立ち向かう「共生の時代」と捉えるのがこの社会の趨勢だった。

間違っていなかった小渕内閣までの21世紀像

ところが、01年に成立した小泉純一郎内閣と続く安倍晋三内閣は、未来を考えるよりも、現在の経済をどうするか、過去の日本をどう賛美するかに熱心だった。そうした風潮のなか、02年に実施された教育改革は「ゆとり」を学力低下に結びつける「ゆとり教育」という造語の下、激しい非難を浴び逆風に曝されることになった。21世紀の未来よりは20世紀の日本の成功体験に目を向け、その夢よもう一度とばかり学力向上だけをスローガンとしてみたものの、未来へのビジョンがないために迷走しているのが現状である。

一巡しての日本開催となった北海道洞爺湖サミットで明らかになったのは、小渕内閣までのわれわれの社会が長い時間をかけて探ってきた21世紀像が決して間違っていなかったことである。8年間の迷走を悔やんでみてもどうなるものでもない。それより、改めて21世紀の世界の方向性を認識し、再びその方向に沿った21世紀を生き抜く力を養成することを考えるのが、建設的な態度というものである。

国内の近視眼的見方から起きた「ゆとり教育批判」が、こうした未来への展望などとは無縁に、いわば床屋教育談義的に行われてきたことは今さら指摘するまでもない。もちろん民主主義社会においては、どんな種類の議論だろうと世論としての力をもち、政策決定に何らかの影響を及ぼし得て当然である。しかし床屋談義は床屋談義である。日本社会や世界全体の未来、つまり子どもたちの未来に向けて説得力のある提言にはなり得ない。

「ゆとり教育批判」の集大成として企図された安倍内閣の教育再生会議が出した報告を読んでみるといい。1年余りの短期間、しかも11ヵ月で当の安倍首相が政権を投げ出すという経過のなかで、結局系統性のない議論の羅列に終わっている。3年の歳月をかけ議論を尽くした中曽根内閣の臨時教育審議会答申と比べれば、その床屋談義的性格は歴然である。

床屋談義としての学力論も結構。学力テストの結果や国際学力調査の結果に一喜一憂して点数で学力を云々するのも、悪いことではない。どんなものであれ学力は低いよりは高いほうがいいし、国民が学力について議論しないより議論するほうがいいに決まっている。ただ、それだけでは子どもに未来を生き抜く力をもたらすことはできない。目先の議論だけでなく、21世紀の世界がどうなるかを見据えた深い洞察が必要なのである。

これからは「右肩下がり」の時代……か？

また、いよいよ明らかになってきたのは、われわれ人類全体の生活の規模を縮小していかなければならないということである。

大げさでなしに、人類史レベルの事態だろう。われわれ人類は、おそらく地球上に出現して以来、天災等による多少の減退はあったにしろ大きなトレンドとしては「右肩上がり」を続けてきた。時代の推移と共に原則として進歩し、より豊かに、より便利に暮らせるようになってきた。人類の歴史は、経済的物質的豊かさを獲得する歴史でもあったのである。

それが、今「右肩下がり」に転じようとしている。環境問題に対応するためには、不便な生活への逆戻りが必須だ。今までのように冷房も暖房も使い放題、自動車も乗り放題、電化製品で次々と生活を便利にしていく……といったわけにはいかない。エネルギー問題もまた、資源の節約をするという意味で、不便を強いる方向へ進まざるを得ない。

食料問題も深刻さを増していくだろう。現在の日本のように食料自給率4割であるにもかかわらず、食道楽や飽食を満喫して膨大な量の食べ残しを出すことが許され続けるはずはないだろう。食料問題のためにも、あらゆる国々と協調し共生する必要があるようになってくるのは当然だが、それ以前の根本的問題として、食べるものの量や質を落としていく必要がある。

もちろん、食べる量や質を制限しなければならないのは日本だけではない。現在の先進諸国はカロリー摂取量を相当に低い水準にまで落とさないと、まだ飢えに苦しんでいるアフリカ等の諸国と均衡をとっていくのは難しい。そういう状況になってくると、食だけでなく衣や住の分野でも、今までよりつつましい暮らしをすることになっていくだろう。豊かになる一方の形から、貧しくなっていく過程へと、世の流れが変わっていくのである。バブルに沸いた日本経済の絶頂期、いくらでも豊かになる幻想に酔っていた平成初めのレベルからすると、日本の場合はもうすでに「右肩下がり」が始まっているとさえいえる。これからさらに状況が厳しくなると、映画『ALWAYS　三丁目の夕日』でおなじみの昭和30年代の生活水準くらいのところへまで戻る可能性だって、十分考えられるだろう。

日本はバブル崩壊で90年代の初めから「右肩下がり」を体験してきているが、世界全体も08年秋の世界経済危機によってバブル崩壊を迎えた。今後は、あらゆる国がこれまでの生活水準を切り下げていく必要に迫られるに違いない。そしてそれは21世紀をとおして、いや22世紀以降も変わらないだろう。「人類史レベルの事態」と敢えて大きく出たゆえんである。

「え、未来はそんなに不幸なの?」と思いますか?「不安を煽るようなことをいうな」と怒りますか?　だが、これからも豊かになり続けるバラ色のシナリオを誰が書けるだろう。

それに、私は不安を煽っているつもりはない。「右肩下がり」予測は、悪い観測ではないと思っている。そもそも「右肩下がり」は不幸で、「右肩上がり」は幸福、と本当にいえるのだろうか。もし経済的物質的豊かさをもって幸福とするのなら、20世紀は人類が最も幸福だった時代であり、21世紀以降は不幸になる一方だということになる。しかし、20世紀は一方で人類が最も大規模でたくさんの戦争や争いごとを引き起こし、夥《おびただ》しい数の犠牲者を出した世紀でもある。19世紀以前と違って、子どもや女性、高齢者など、戦場で戦う兵士以外の市民が巻き込まれた。広島や長崎の原爆は、20世紀のもたらした災厄の最たるものではないか。

第2次世界大戦終了後の約半世紀だけでも、地球上で150余りの戦争や動乱が起こったといわれる。また、20世紀をとおしての戦争による死者は1億人以上に及ぶと推定され、その9割以上が兵士以外の市民だと考えられるという。どこが「最も幸福だった時代」だろうか。

「右肩下がり」の21世紀、危機を乗り越えるために世界各国が協調して共生するようになれば、必然的に争いごとを控え、戦争のない状態にならなければならない。現在、仇敵のように憎しみ合っている国同士であっても、協調や共生の精神なくしては互いに存続できないとするならば、仲良くなる努力をするようになるだろう。

そんな夢物語を、と笑いますか？　だが日本と韓国の関係を見るといい。長いこと不幸な歴史を重ねてきた日韓関係が、ワールドカップを共催したあたりから改善され始めているではないか。いや、わずか140年前には日本国内だって薩長と会津など東北の諸藩が血で血を洗う戦争とそれに伴う残虐行為をしでかした。敗れた東北諸藩側の恨みも相当長い期間残った。それでも、現在は鹿児島や山口の人間と東北の人間が同じ国のなかで共に仲良く暮らしているではないか。

ついでにいえば、平和とスポーツの祭典と呼ばれながら20世紀の間には平和を招けなかったオリンピックも、21世紀には国と国の間のメダル獲得競争や不明朗なカネが動く招致競争から脱し、新しい形に生まれ変わるべきだと思う。日韓共催ワールドカップがいい例だ。イスラエルとパレスチナ、ロシアとグルジア、チェチェンなどの周辺諸国、インドとパキスタン、アメリカとアラブ諸国等々、不倶戴天とも見える関係の国々がオリンピックを共同開催すれば、どんな結果が生まれるか楽しみだ（韓国、中国など東アジア諸国との部分共催を企画した２０１６年オリンピックの福岡招致案は、この発想に近いものがあったと思う。それを押しのけて東京開催を主張し１９６４年東京オリンピックの夢よ、もう一度と意気込むことの、なんと時代遅れなことか）。

「右肩下がり」でも、充実のポイントは「福祉」と「医療」

ただ、「右肩下がり」を甘んじて受けるためには、何でも縮小ではなくどうしても現在の水準を守る、あるいはこれだけは依然として「右肩上がり」に充実させていかなければならないというポイントを定めなければならない。それは、衆目の一致するところ福祉と医療である。この２つを維持する、あるいはさらに充実させることは、全員の安心と安全を保障することになる。それは、人々の心を豊かにして、他の面での経済的物質的制限を笑って受け入れる余裕（ゆとり！）をもたらすに違いない。

子どもたちには、協調と共生の未来が作れるように、そしてそのことによって21世紀の危機を乗り越え「右肩下がり」でも生き抜く力を身につけてほしいと思っている。「ゆとり教育」なる呼び名をマスコミにつけられ、悪者扱いされている02年からの教育システムは、20世紀の経済的物質的豊かさを懐かしみ、それにしがみついて生きようとする大人たちのためにではなく、これからの21世紀を生き抜く子どもたちのためにこそ用意したものなのである。

『2050年に向けて生き抜く力』もくじ

第3章　子どもを支えるための家庭の教育力

装幀／吉原　敏文（デザイン軒）
イラスト／ゆづきいづる
編集協力／㈱ペダルファーブックス

第1章　2050年に向けて、生き抜くための力とは

地球に生きる人間として決して無関心ではいられない北海道洞爺湖サミット。この洞爺湖サミットで明確に浮き彫りにされた2つの点に大きな意義があり、ひとつは、21世紀の世界が直面している困難な課題を全世界の人々にはっきりと認識させる契機になったこと。もうひとつは、世界の覇権構造の変化が決定づけられたこと。地球を破滅から救うには、国連のなかでもサミットが「主要国首脳会議」と名づけられているように従来世界をリードしてきた8大国に次ぐ新興国、つまり中国、インド、韓国、南アフリカ、ブラジル、オーストラリア、メキシコ、インドネシアの8ヵ国を加えない限り実効性が担保できないことをG8自身が認めた点だ。主要8ヵ国と新興国8ヵ国、あわせて16ヵ国のリーダーシップが地球規模で問われる時代を迎えたといえる。教育基本法の改正も教育三法の改正も、教育振興基本計画も、学習指導要領の改訂も、2050年に向けて、子どもたちが生き抜く力を育むためのものでなければならない……。「21世紀を生き抜くために必要な学力とは？」「地方分権で、教育はどう変わっていくのか」などが本章の主な構成内容だ。

1-1 北海道洞爺湖サミットの意義、透かして見えた2050年

地球に生きる人間として無関心ではいられない

北海道洞爺湖サミットは、「序章」にも書いたとおり総括の宣言文のなかにはこれといってはかばかしい決定はできなかった。しかし、開催国日本の福田首相の議長総括のなかで、これから42年先の2050年までに温室効果ガス半減の長期目標について「気候変動枠組み条約の全締約国と共有し、採択を求める」としたG8の合意があったことを確認し、評価した。

宣言文のなかに、長期目標の2050年までに半減するという文言こそ記されなかったが、それが地球の未来にとって絶対の急務であることは透けて見えた。ということは、世界の首脳が、2050年までに何とか手を打たない限り地球の環境が壊滅的状態になり破局が訪れかねないのを認めたことになる。京都議定書の批准を行わないなど後ろ向きの姿勢が目立っていたアメリカでさえ、そう認識せざるを得なくなってきているのである。

危ないのは、地球温暖化をはじめとする環境問題だけではない。それと密接な関係をもちつつ、原油や食料価格の高騰、金融市場の緊張など、食料問題やエネルギー問題、経済問題と世界規模の難問が山積みされ、切実な形で人々の生活に影響を与え始めている。

はっきりいおう。08年に明らかになったのは、このまま手をこまねいていれば42年後の

２０５０年に地球が滅びかねないということなのである。

20世紀までの社会が目指したように、勉強していい学校に入り、いい会社に就職し、社会的に高い地位と安定した収入を求めるのが悪いとはいわない。ただ、そうなれたとしても地球そのものが破滅したのでは仕方がないではないか。自分だけの幸福を目指すより、あらゆる国の人々と手を携え、問題解決に当たらなければならないのは明白だろう。

子どもたちに身につけてほしい、２０５０年に向けて生き抜く力

「序章」で、21世紀の世界の動向は私たちの社会における教育・学習のあり方と密接な関係をもつと述べた。子どもたちは21世紀の未来へ向かって世界規模でものを考える地球人のひとりとして生きていかなければならない。子どもたちに身につけてほしい力は、言い換えれば、当面２０５０年に向けて生き抜く力、そのものだといえる。

習熟度別学習や総合的学習の導入などによる画一主義教育から個別教育への移行、考える力を重視する新しい学力観の確立、学校週５日制の完全実施による家庭や地域の教育力再建、自然体験や勤労体験をとおして心や身体の充実を図ると共に、どの国の子どもたちとも仲良くなれる、コミュニケーション能力の向上……等々をねらいとした教育改革は、02年に未来を生き抜く力を育む目的でスタートした。教育する教師の立場、学習する子どもたちの立場、それぞれメリハリをつけて、学校も家庭も地域社会も、目的を果たしやすいような施策の下に、真剣になって取り

組んできたのである。

1-2 もうひとつのサミット、「J8サミット」の提言

G8を含む15ヵ国39人が参加して開催

ユニセフ（国連児童基金）とG8の議長国などの共催で2005年から始まっている、もうひとつのサミット、「ジュニア・エイト・サミット」（J8）は、洞爺湖サミットの参加国8ヵ国以外に、アジア・アフリカの発展途上国など世界15ヵ国の子どもたち39人が参加して、本物のサミットと同時期に北海道の千歳市で開催された。あくまでも子どもの視点で、気候変動、貧困と開発、国際保健の3つのテーマを中心に、ディスカッションを通じて自分たちの意見としてまとめた。サミットの動きが世界の子どもや若者に少なからぬ影響を与えるとして、G8の首脳は子どもたちの声を聞く義務があるという主張から、すべての国を含む温室効果ガス削減目標を設定した国際条約の制定、医薬品の低価格化のため製薬会社から特許の買い取り、貧困の解決のために債務帳消し、などの施策を大胆に提言した。

圧巻は、ずらりと顔を揃えたG8の首脳たちに、J8の「千歳宣言」をまとめて提出した場面だった。代表を務めたのは日本の高校2年生・栗脇志郎さんである。「私たちJ8の提案を実行に移してほしい」と英語であいさつし、宣言文を福田首相に手渡し、首脳たちの拍手喝采を浴びた。

こうして世界15ヵ国の子どもたちが一堂に会し、G8サミットと同じ北海道でJ8が開催され、地球規模での世界の動向を自由にディスカッションし、実現するように〝希望〟として、G8の首脳たちに直接「提言」したことの意義は大きい。子どもたちを前に、首脳たちも彼らの未来に思いを致さざるを得なかったことだろう。

15ヵ国を代表する子どもたちが真剣に議論し、G8の首脳に提言した内容は、それがG8での関連課題でなかったとしても、その提言をJ8でまとめた「意思」だと受け取ってくれれば意味はある。子どもたちがJ8という立場で全世界にアピールしたことの意義は小さなものではない。そうした動きこそが、2050年に向けて生き抜いていく力を培っていくことに通じるのではないだろうか。ここに、21世紀のあるべき姿を見たような気がした。

1-3 21世紀を生き抜くために必要な学力とは?

2008年1月に出した著書のタイトルで、私は『さらば ゆとり教育』(光文社刊)と宣言した。それは、「ゆとり教育」というマスコミ命名による言葉が教育論議の混乱を招いた点を指摘したいのと、その言葉を使わずに教育を考え直してみたいという思いからだった。本来、中央教育審議会が示した「子どもに『生きる力』と『ゆとり』を」という考え方は、子どもたちに常に未来を見据えて、21世紀を「生き抜くために必要な学力」を身につけさせることであった。それが「ゆとり教育」の語の下にここ数年来、学力の低下を招いたと批判されてきた。果ては「脱ゆとり」というような新語まで飛び交い、とくに子どもをもつ親たちを戸惑いの渦中に巻き込む仕儀となっている。

しかし、落ち着いて見てみれば、それらは、「序章」でも述べたとおり、床屋談義レベルの場当たり的印象論の域を出ていない。われわれは、そうした床屋談義に走る前に、教育の本来の目的をきちんと考えなければならないのではないだろうか。

先進諸国では学力は下がる傾向

そもそも、子どもたちの学習意欲は国家社会が成熟すればするほど下がる宿命にある。どんな国でも、貧しい時代は苦しい生活から抜け出すためにみんなが一生懸命勉強する。それが、だんだん社会が豊かになり、生存のための不安が薄れてくると、努力を怠りがちになってくる。学力低下問題はわが国だけでなく、G8の参加国をはじめ、いわゆる先進諸国においては同じような傾向を見せているのも事実である。

学力はあくまでも生きるための手段のひとつであり、目的ではない。社会全体が懸命に努力をしてみんなが豊かになったというのは、貧しい時代に設定した目的を達成できたことになる。そうした目的が果たされたことを忘れて、豊かさのもたらす結果として学力が下がったことだけを取り出して騒ぎ立てるのは、問題の本質を見誤ることになりかねない。

とはいえ、学力は下がらないほうがいいには決まっている。昔のように貧しさからの脱出という目的ではなく、21世紀の人生を世界と共生し、主体的に生きていくという目的のためにも、学力は必要な要素である。ただ、その場合、これまでの学力とは本質的に「質」が違ってきて当然なのだ。

「食料自給率40パーセント」の日本の未来？

21世紀になって日本は、20世紀までのように世界の経済大国だと誇らしげにふるまうばかりではいられなくなる。たとえば食料問題である。自給率が40パーセント（カロリーベース計算）という低い国なのに、これからどうやって生活していくのかという新たな課題が大きく浮上してきた。20世紀は、食料自給率が低くてもお金で買えばいいといっていたが、これからは地球全体の食料が少なくなり、経済力があってお金さえ出せばいいとはいえなくなってくるのだ。

ここで「食料自給率」について、農林水産省のホームページには「食料自給率の部屋」が設けられ「食料自給率とは？」「食料需給表」「食料自給率資料室」などが紹介されている。

食料自給率とは？　……私たちが日頃食べている食料のうち、どのくらいが日本で作られているかという割合のこと。自給率の計算方法には「重さ」「カロリー」「生産額」の3つがあり、一般的に「食料自給率」というときは「カロリーベース自給率」のことをいうことが多く、05年度の概算値は、品目別の重さでいうと小麦で14パーセント、カロリーベースで40パーセント、生産額ベースで69パーセントとなっている。

自給率早見ソフトを使っていろいろな料理の自給率が平均的数値として示されており、それを見ると、天どん68パーセント、カレーライス49パーセントまではまだしも、天ぷらそば20パーセント、ハンバーグステーキ11パーセント、ラーメン4パーセントなど、もはや国産とはいえない料理の何と多いことか。カロリーベースでいう総合自給率が以前は70パーセントを超えていたものが今や40パーセントに下がった理由は、みんなが食べるものが昔に比べて変わったこと、日本で作る食べものの量が減ってきたことが挙げられている。

四方を海に囲まれた日本列島……。同じ田畑で年に二度異なった作物を作る二毛作に適した温暖な地区が多く、また沿岸漁業に恵まれ、水産国ニッポンを誇っていた頃の面影は、もはやない。

遡って、江戸時代の食料自給率は何パーセントだっただろうか。資料に当たるまでもない。100パーセントに決まっている。鎖国をしていた時代、海外から食料が輸入できるわけがない。自国の生産食料だけで賄わなければならなかった。自然災害に見舞われて生産量が減ると人口も減少し、新田開発や技術革新で収穫量が増すと人口が増えていた。江戸末期に今の東京である江戸地域より現在の新潟県のほうの人口が多かったと聞くと、今の感覚では驚いてしまう。だが、自給率を考えれば、食料生産量の豊かな地域に人口集中するのは当たり前なのである。

食料自給率40パーセントということは、もし各国が自国の生産食料だけで暮らす状況になれば、現在の人口の4割すなわち約5千万人しかこの国土には住めないことになる。また、地球以外の天体から食料輸入できるわけがないから、地球全体の食料自給率は１００パーセントにしかなり得ない。だとすれば、日本のように40パーセントの国があるぶん、他の国にしわ寄せがいってい ることになる。食料問題のためにも、あらゆる国々と協調し共生する必要があるようになってくる。子どもたちが生きるこれからの時代は、そんなものなのである。

このように日々変化する世界情勢のなかで、子どもたちに今の時代に見合った「生き抜くために必要な学力」を身につけさせなければならないというのも、本来の「ゆとり教育」の目的のひとつであった。では「21世紀を生き抜くために必要な学力」とは何か。

「21世紀を生き抜くために必要な学力」とは何か

私は学力というのは文字通り「力」であると思う。

「ゆとり教育」が学力低下を招いたと批判する人たちからはまず算数、次いで理科、国語、社会といった教科がやり玉に挙がり、具体的には円周率を小数点以下まで教えない、元素周期表を暗記させない、教える漢字の数が減った、教える国の数が減ったことなどがよく批判される。

一方でそれ以外の英語、音楽、美術、体育、家庭などの教科についてはそういった批判を聞くことはまずあまりない。それはそれらの教科で身につける「力」がテストだけでは測り難いからだ。言葉を換えればテスト以外で「力」が明らかに測れる場面があるからである。

とくに英語の場合、テストの点数がいくら高くても、外国人と英語で会話ができなければ「力」

がないということになる。あるいは美術のペーパーテストで画家の名前などをいくら答えられても、美しい絵を描けなかったり、きれいなものがきれいだと分からなかったりすれば、「力」がないといえる。

ところが算数、理科、国語、社会はペーパーテストでしか「力」が測れないと、多くの人が思い込んでしまっているのだ。

しかし、たとえば選挙に関することをいくら細かく暗記したとしても、実際に選挙に行って投票しなければ意味がない。選挙制度はあまり知らないけれど、投票に行く人と選挙制度は知り尽くしているけれど投票に行かない人と、どちらの人間を育てることを目標としていくべきなのだろうか。

私たちは本当に「必要な学力」とは何かということを考えたうえで判断しなければならない。学習指導要領に書かれている「生きる力」という言葉の意味をもう一度考えてみてほしい。もちろん選挙制度を知っていて投票に行くのが一番いいに決まっている。知識をもったうえで実際に行動したり、生活したり、つまり生きるために学力を生かしていければそれが一番よいのだ。

元素周期表など知らなくても実際は生きていける。しかし、CO_2問題を考えるときに、CO_2とは何かを知っている必要はある。そのためには元素周期表を覚えていたほうがいいということである。「あなたのお子さんは『生きる力』が育っていますか？」と問われても、それは目に見えないので答えにくいが、

「元素周期表を覚えていますか?」

「円周率を何桁までいえますか?」

と、問われると、それはテストではっきり答えが明らかになるため、どうしてもそういう知識のほうを先に詰め込まないと不安になるというのは分かる。しかし、「ゆとり教育」に危惧を感じるという方々は、そもそも教育の優先順位は何か、「ゆとり教育」はどこに重点をおいているのかを、もう一度考えてみていただきたい。

「生きる力」は学校だけで身につけるものではない

そもそも「学力」というのは「生きる力」のほんの一部分に過ぎないと私は思っている。

「知育・徳育・体育」というけれど、「生きる力」には学力以外に体力や道徳的な心などさまざまな力があり、それは画一的に身につけるものではなく、また、学校だけで身につけるものでもない。「学校週5日制」はそういう考えに基づいて始まったのである。

たとえば体力をつけるといっても、子どもの体力には個人差があり、学校の体育で長距離走をやるとなれば、みんなが同じ距離を走ることが前提となる。本来身体を鍛えるということは、それぞれの健康状態や基礎体力が違うのだから、その子どもに合った身体の鍛え方があるはずだ。

心の鍛え方についても同じことがいえる。おじいちゃん、おばあちゃんと同居して家族仲良く暮らしている子どもの心の教育と、夫婦共働きの家庭で家族が向き合うことの少ない子どもの心の教育とでは、ふさわしい方法は違うはずだし、必然的に個別に対応していかなければならない。

しかし、学校の教師にそんなことはできない。教師というのは、あくまで知力という観点でしか選ばれていないから、教師のなかにも不道徳な人はいるし、体力の劣る人もいる。道徳という観点で選ぶならお寺や教会の人のほうが、よほどしっかりしているだろう。

「学校週5日制」にして土、日を休みにしたら崩壊しているような家庭の子どもは、ますます行き場がない。学校はその責任を放棄するのか、誰が子どもたちを見るのかという批判が出る。しかし、私はその役割を地域社会に期待している。

昔から外国では教会などが果たしてきた役割を、日本では地域社会が担ってきた。学校が「週5日制」になって、子どもたちが地域社会に帰っていく。子どもたちの心や身体、場合によっては知育を地域社会全体で育んでいく。そのような取り組みがもっと必要なのではないだろうか。

1-4 子どもたちが身につけるべき本当の学力

学力を測る国際的な学力調査は2つある。ひとつは国際教育到達度評価学会（IEA）が調査する国際数学・理科教育動向調査（TIMSS）。これは知識中心の、言い換えれば20世紀型の受験学力のテストで、日本は長く「世界一」の座を占めてきた。

もうひとつは経済協力開発機構（OECD）の学習到達度調査（PISA）である。豊かな国々であるOECD諸国（30ヵ国加盟）が「TIMSS」のような「詰め込み型」の20世紀的学力が時代に適合しなくなったという共通認識の下に学力観の転換を目指して誕生させた、読解力や思考力に中心をおいた学力調査である。この「PISA」は00年度から始まり、03年度、06年度にも行われている。日本の成績は、いずれも芳しくなかった。ずっと「TIMSS」で測られるような「詰め込み的な学力」が高ければよいとされ、それにあわせた教育を行っていたのだから、ある意味当然の結果といえるだろう。

学力には「これだ」という定義はなく、「こんな学力、あんな学力」というのはある。つまり「TIMSS」が求める学力、「PISA」が求める学力、その他にもいろいろな指標があり得る。20世紀の日本社会で学力が高いと評価され、公務員などをして優遇されている大人たちは、その時代の教育を受けてうまくいったわけだから、「TIMSS的学力」でいいと思ってしまい、「PISA的学力」の価値を知ろうとしない。「考える力」を身につけろというのを、むしろ鬱陶しく思っているのだ。一方で、勉強は学校時代だけでもうたくさん、あとは自分のために働けばいい、国全体のことなど考えなくていいのだ、というような人たちも、「PISA的学力」を身につけなくていいと思っている。子どもたちの未来にどんな学力が必要かではなく、自分たちに何が必要だったかを基準にしていたのでは、21世紀への展望は開けない。

43年ぶりに行われた「全国一斉学力テスト」

文部科学省は07年4月、全国の小学校6年生と中学校3年生を対象に「全国学力・学習状況調査」を実施した。全国一斉学力テストの実施は実に43年ぶりで、参加校の約116万人の小学校6年生と約108万人の中学校3年生が受けた。

問題を見ると、非常によく考えられていて「PISA」のような問題、思考能力を問う問題が中心になっている。また、そもそもこの調査自体は「ゆとり教育」批判を背景に実施されたものなのだが、60年代のテストとまったく同じ問題が数問出題され、今回そのすべてで正答率が大幅に上がっていた。たとえば、小学校6年生の国語、「(魚を)やく」を漢字で書く、すなわち「焼く」の書き取り問題では、64年の6年生（実は私はこの世代である）の正答率が33・8パーセントだったのに対し、今回は70・9パーセントが正答している。つまり、「ゆとり教育」が学力低下を招いたという仮説を否定する結果になったのである。

しかし、そのことを手放しで喜ぶのも危険だと、私は思う。なにしろ力を測られる生徒を預かる学校側が、どんな力を伸ばせばいいのかよく分かっていない。詰め込んで受験学力をつけさせるのがいいのか、豊かな思考力や想像力を育てるのがいいのか、コンセンサスができていないのが、今の学校教育の現状なのである。どんな学力を目指すべきなのか、伸ばすべきなのか、そのコンセンサスができていないところへ学力テストをやっても、それがそんなに意味があるとは思えない。

これからの時代に求められる学力とは?

私は、本当の学力とは知識の量ではないと思っている。現代は、今日身につけた知識が明日にはまったく役に立たなくなることが起こり得る激動の時代である。今後その変化のスピードは速まることはあっても停滞することはないはずだ。その変化に柔軟に対応できる思考力や応用力、コミュニケーション能力やリテラシーなど「PISA的な学力」こそが今の時代、これからの時代に求められる学力だと思う。

02年度からの教育改革の狙いもそこにあった。03年度や06年度の「PISA」のテストの結果は振るわなかったが、結果がそんなにすぐに出るわけではない。私は将来的にこの調査の結果が上がることに期待している。そのためには02年にやり始めた教育を徹底することが必要だと考えている。

もっと本質的なことをいえば、一斉テスト方式で学力を測ることにそもそも意味があるのだろうか。子どもたちに本当に必要な学力を身につけさせることが教育の大きな目的のひとつだとしても、それは短期間の到達度を競うものではないし、すべての子どもがひとつの物差しで測られるべきものでもない。まず学校や教師が、子どもたち一人ひとりをよく見ることから始めていただきたい。一人ひとりをよく見れば、テストなどに頼らずともその子どもの学力を把握できるはずであり、足りないところ、もっと伸ばすべきところもおのずと見えてくるはずなのである。

テストを100回やる前に、子ども自身を見よ

学力の問題というのは、つまりは自分の学力が高いかどうかの問題だ。日本の学力水準が上がったとしても、自分の学力が上がらなければ意味がない。逆にいうと日本全体の学力が下がっても、自分の学力さえ上がればそれでいい。一見、自分本位に思えるかもしれないが、その考えは必ずしも間違ってはいない。だから親が自分の子どもの学力を心配するのは当然なことだ。ぜひ心配してほしい。日本の学力を心配するのは文部科学省の仕事だ。親の責任は、自分の子どもに学力をつけさせることである。あえていわせてもらえば、日本の学力が下がったと決めつけるニュースには関心をもつくせに、自分の子どもの学力には無関心な親たちがいるのはおかしな話だ。

授業参観に行かなかったり、子どもの勉強を一緒に見てやったりもしていないのに、新聞や講演会などで偉い先生が、「日本の学力が下がった」というと、「困ったものだ」という親たちがいる。日本の学力の心配なんかしなくていいから、もっと自分の子どもの心配をしてほしいのだ。

今、少子化の結果、子どもひとりに対して大人が6人もいる社会なのだから、親や周囲の大人はもっと子どもに関心をもって、子どもという存在がどう育っていくのかということを一生懸命に考えてほしい。映画『ALLWAYS 三丁目の夕日』が描く昭和30年代前半には、ベビーブームで子どもが多く、子どもひとりに大人2人しかいなかった。それでも、社会の大人全体で子どもを育てていこうという気概があったのである。

学校の教師も、生徒一人ひとりを観察し、各個の子どもの学力が上がっているのかいないのか、を考えてほしい。学力テストの結果よりも生徒本人をしっかり見るほうが、トータルにその人間のことがよく分かる。学力テストを１００回やるより一人ひとりの子どもをしっかり見ること。しかも、これにはお金がかからないで済む。全国一斉学力テストにかかる費用は、１回につき数十億円にものぼる。

子どもを見よう。よく観察しよう。

親が子どもを見る。教師が子どもを見る。地域の大人たちが子どもたちを見る。

「学力」を見る前に子ども自身をよく見なくてはならない。

「詰め込み」では測れない子どもたちの力

ある保護者から、有名私立小学校に通っている子どもが、学校のテスト問題ができなくて困ったものだ、という話を聞き、一度会ってどんな様子か見てみましょう、ということになった。

その子は私から見たら立派な子どもで、体力もあるし、優しい気持ちももっている。その子の部屋に入ったら、ちょうどテストみたいな紙がそばにあり、グシャグシャになっていたので見てみると、漢字の書き取りのテストが10題あって、結果は0点。

その子が「遊ぼうよ」というので、「じゃあ、遊ぶ前にこれをやったら、一緒に遊ぼう」といって、漢字のテストをもう一度やってもらうことにした。

すると、「嫌だ。漢字なんかやりたくない」というので、「それなら、答えを見ていいから」と私が正解を全部書いてやった。

その子は、「見ていいんだね？」と念を押してから、私の書いた答えを見ながら書いた。

そのあとひとしきり遊んで少し休んだところで、「また漢字やろうか？　さっきの問題を、今度は見ないで書いてごらん。10問のうち、ひとつでもできたら合格で、そしたらまた遊ぼう」といってやらせてみたら、今度は4問できた。残りの漢字も熟語だから片方は当たっているのがある。片方が分かっているなら三角にして、丸を10点、三角を5点で計算してみると合計70点。できないはずが、できたことになった。

「どうして0点だったの？」と聞いてみたら、「だって時間がない。ものすごい短い時間で、これを解けといわれた」と不満げにいう。今、学校では百ます計算の類が流行っているようだが、どうしてストップウォッチを使って子どもたちを急かせるのだろうか。ついこの間まで「詰め込むのはよくない」といっていたのに、いつの間にかまた、子どもを急がせて短い時間にたくさんやらせる「詰め込み教育」になってきているのだ。

素人の私が漢字の書き取りの指導を短い時間やっただけで7割方できるようになったということは、その子どもは分かっていなかったわけではない。もともとは分かっていたけれども解答が出てこなかった、というだけのこと。時間をかければ解答がちゃんと出てくるのである。

学校をもっと楽しく、面白い場所に

この話には続きがある。「まあ、これくらいできればいいね」といっていたら、たまたま小さな紙の切れ端が部屋に落ちているのが目に入った。

紙の切れ端の部分には、全部は見えないけど、もともと印刷してあった漢字の一部が見える。その子は即座に、「これ『賞』って書いてあったんじゃない？」といった。上のカンムリの部分とそのすぐ下に「口」らしい形があったのを見てのことである。

切れ端のもう一方を捜してみると現れた漢字は「堂」という字であった。だが、この一部分だけ見れば「賞」でも正しいわけだ。これだけの漢字識別能力を、この子はもっていたのである。「すごいなあ」と褒めると得意顔になってきたので、部首や一部分だけ見えている漢字をその場でいくつか作って見せて当てさせてみた。

そうすると今度は、「僕が問題を作ってみる」という。問題を作るとなると、漢字を書けないと作れない。向こうは子どもだから字を書いてから折って、それを隠す。それを1時間くらいやっていると、その子は漢字の構造がだんだん分かってきた。

自分で漢字を作りたいと言い出したので、「キャベツを漢

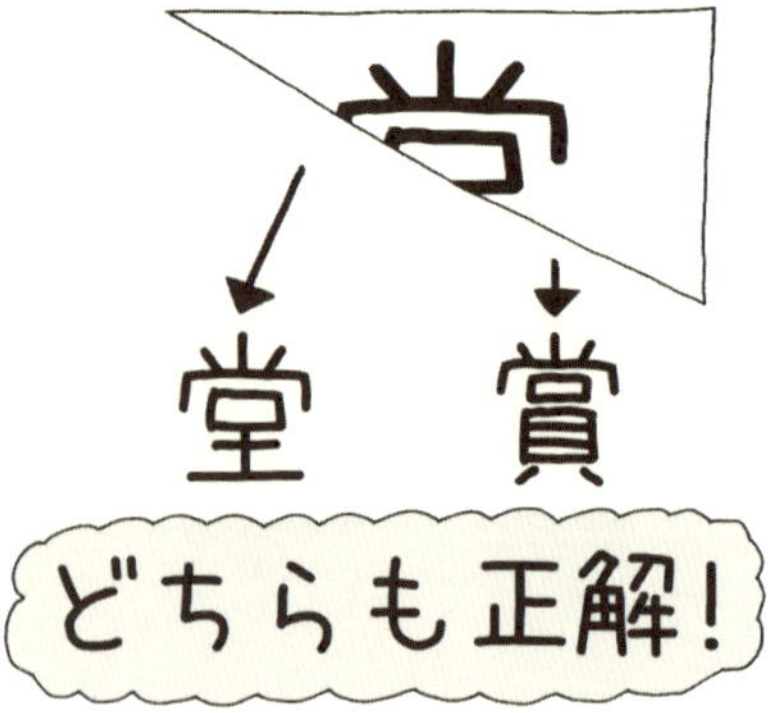

字で書いたら、どんな字になる？」といってみると、たとえば落語家の大喜利なんかでやっているような、クサカンムリに緑の字を書いて当て字を作ってくれた。「これは水と関係あるからサンズイにしなきゃ」とか、漢字で遊ぶことができるようになったのである。

私のように教員免許をもっていない人間でも、これくらいのことができるのに、どうして学校の先生にできないのだろう。大人たちがもっと創意工夫していけばいいだけなのに、それが学校のなかでできていない。相変わらずの「詰め込み」と急がせることが学校教育の現場で繰り返されている。それをどこかで変えなければならない。学校はもっと楽しい場所になっていいし、面白い場所にしなければならないのだ。

この子は、ひとりごとをつぶやいた。「学校も、こんなソウゾウリョクを使う勉強だったらいいのに……」。想像力なのか創造力なのかは問いたださなかったが、彼の偽らざる感想だろう。ストップウォッチに追いまくられた百ます計算や漢字ドリルでは面白くないものね。

その後、楽しく勉強に誘導してくれる家庭教師とめぐりあったこの子は、たった2週間に1回の指導で、このあいだの国語テストでは85点を取ったと聞いた。

1-5 生涯学習のための教育

日本の学校教育の方針は明治以来、大きく3期に分けて整理することができる。第1期は明治から1977年。第2期は77年から02年。第3期が02年以降である。

第1期の教育の取り組み方は画一的で、教える内容をどんどん増やしていく方向だった。明治から大正・昭和の戦前・戦後と、教育内容は増加の一途をたどっていった。

しかし、70年代になると状況が変わってくる。教育内容が増加し続けた結果、子どもたちが悲鳴を上げ始めたのだ。教える内容が極大化し、いわゆる「詰め込み」の教え方になってしまったのである。子どもたちの間で「いじめ」や「校内暴力」といった問題が噴出し、また同じ頃には「受験地獄」というマスコミ用語が生まれ、受験競争の厳しさが社会問題になってきた。

「詰め込み」から「ゆとり」へ。「画一」から「個別」へ

私が駆け出しの役人として初等中等教育局にいた75~76年頃は、局内は「教科内容の精選」という合い言葉で動いていた。教育内容を減らす。「詰め込み」をなくす。そして「ゆとり」を作る。日本の教育は、初めて教育内容の増加から減少へと転換した。それが、77年からの第2期へ入る大きな改革だった。

「土曜日に、『ゆとりの時間』ができた」……現在使われる「ゆとり教育」というマスコミ造語とは違い、これは文部省（当時）の公式用語であった。

しかし、第2期を形成する77年の改革は教育内容を減らしただけで、画一方式は変わらなかった。そのために、「詰め込み」についていけず「落ちこぼれ」と呼ばれる勉強についていけない状態の子どもは救われたが、今度は逆に、よく分かる子どもには物足りない状態が生じた。これを、鍋や釜から内容物が噴いてあふれる様子にたとえて「噴きこぼれ」と呼ぶ人もいる。

そのような状況を踏まえて、抜本的な改革をするため84年に設置されたのが、臨時教育審議会である。3年間の徹底した議論の末、87年に出した結論は「画一から個別へ」という考え方。それは教育する側の論理から学習する側の論理への変換を意味していた。そして、これが後に「生涯学習の理念」へと発展していったのである。

この波に乗って、92年に実施された小学校の学習指導要領で生活科が導入され、93年の中学校の学習指導要領では選択科目が強化された。また、94年の高等学校の学習指導要領では総合学科が新設され、個性化・多様化の方向性がはっきりと打ち出された。また92年には月1回の、95年には月2回の「学校週5日制」が導入された。93年には「業者テスト・偏差値」による輪切りの廃止が行われた。

そして02年、ようやく個別化が決定的となり、「総合的な学習の時間」の全面導入、「習熟度別の授業」などが実施されたのである。

この第3期の教育は、画一的で教育内容が増加の第1期、画一的で教育内容は減少の第2期と違い、個別的なのが特徴になっている。

個別的とはたとえば、A君は算数の学習はどんどん進んで大量に学ぶことができるが、国語は苦手なので基礎基本をきちんと学ぶことにしようというふうに、あくまで学ぶ立場＝学習者ごとに指導内容を変えていこうということである。

ここで改めて、「あなたが目の敵にする『ゆとり教育』とはどれ?」と、その言葉を使う人々に問いただしてみたいと思う。それは第2期のこと? それとも第3期のこと? 一体どちらの時期のことをいっているのですか?……と。

大学生の学力が低下したと騒いでいる人々は、おそらく第2期のことを批判しているのに違いない。なぜなら第3期の教育を受けた世代は、まだ大学生にはなっていないのだから。

何かと話題になった安倍元首相の諮問機関「教育再生会議」での個々の提案を見ていくと、「詰め込み教育はしない」とか、「伸びる子は伸ばす」、「理解に時間のかかる子には丁寧にきめ細かな指導を行う」など、私がスポークスマンだった頃に説明していたことと、まったく同じ内容になっている。

ことほどさように、「ゆとり教育」を巡る批判は、批判の対象となる時期も論点も混乱しているのが現状なのだ。

「ガバナンス」としての教育、「公共サービス」としての教育

また、「ゆとり教育」論議の根本的な問題として、教育する側の論理に立つのか、学習する側の論理に立つのかという問題がある。

あるシンポジウムで中央教育審議会の山崎正和前会長（大阪大学名誉教授・文化功労者）が、「教育には2つのファクターがあって、ひとつは『ガバナンス（統治行為）』としての教育、もうひとつは『公共サービス』としての教育だ」とおっしゃっていた。

「ガバナンス」とは、学ぶ側がやりたいことをやるのではなく、この社会を存続させていくために、当然みんながもっていなければならないコンセンサスを教育で学ばせるという考え方である。たとえば、みんなが同じ言葉を話さなければ意思伝達ができないわけだから、日本語の基本的な読み書きは日本人全員ができないとこの社会は成り立たない。これが「ガバナンス」としての教育……。昔はこの「ガバナンス」だけで済んでいたが、社会が成熟し、複雑・高度化してくると、今度は一人ひとりがいろんなことをやりたいというニーズが出てくるようになり、そうなると、社会はその一人ひとりのやりたいことを実現するサービスをやっていかなければならない。これが「公共サービス」という、教育のもうひとつの考え方だ。

「ガバナンス」と「公共サービス」、教育にはこの2つのファクターがあるとする考え方に、私も同感である。

ただ「ガバナンス」という言い方で括ってしまうと、いかにも教育する側からの考え方になっ

てしまうのが気になる。つまり統治者にとっては「ガバナンス」であっても、実際に社会の基本的なコンセンサスを作る教育を受けられずに困るのは、個々の人間だからだ。

「九九」をやること、「読み書き・そろばん」をやることは、学習者が好むと好まざるとにかかわらず、学習者のためになるわけだから、一見強制に見えるが、実質的には学習者主体だ。「九九」が嫌だという子どもに「九九」を教えたとしても、その子にとって意味があるかどうか分からない教育を無理矢理押しつけているのとは違う。本来学習しなければその子ども自身が生きていくのに困ることなのだから、決して学習者の利益を侵害しているわけではない。

逆の例をいうならば、たとえば鎌倉幕府が何年にできたかなどということは、知らなくても生きていける。

つまり、子どもに、「なんで、ひらがなを知らなきゃいけないの？」と聞かれたら、「知らなきゃいけない」と自信をもっていえるし、説明もできるが、「鎌倉幕府は何年にできたか、なぜ覚えなきゃいけないの？」と聞かれたら、「覚えていないよりは覚えていたほうが知識があっていい」くらいのことしかいえない。

要するに、学習者が好むと好まざるとにかかわらず、教育には学習者のために教えなければならない部分と、学習者が自分で学びたいと思う部分とがあるのである。

「九九」が大嫌いといっている子どもに、「はいはい、やらなくていいよ」という問題ではない。しかし問題をはき違えて、子どもに何も強制もしない教師も出てくる。それはその教師が無能なのである。どうでもいいようなことを強制するのはよくないけれど、本当に大事なことを強制するのは、最終的にその子どものためになるのだから毅然と行うべきだろう。その違いが分からない教師は無能といわれても仕方がないだろう。

「生涯学習」の目的は自己実現

すべての人に基礎基本とそれぞれの人間がやってみたいこと、たとえば農業をやってみたいなら農業をできるような勉強、ロボットを作りたいのならロボットを作れるようになる勉強ができるようにしていくべきではないだろうか。私はそれを叶えるために「生涯学習」の考え方に立ち、学習者主体の教育システムを作っていくべきだと思っている。

ＯＥＣＤ諸国のいくつかではすでに実践されている。ＰＩＳＡで最上位の成績を収めて注目されているフィンランドもそのひとつだ。ユネスコやＯＥＣＤはすでに70年代初め、「Lifelong learning」という言葉で生涯学習社会を提案している。先進諸国、つまり民主的で豊かな国々では、ひと握りのエリートを育てていくようなやり方ではない方向に転換せざるを得なかった、という側面もあるが、実際に「生涯学習」は根づき始めているようである。

「生涯学習」の目的は自己実現である。誰でも、自分が自分らしく生きたいと思っている。そのうえで他人や社会の役にも立てれば、自己実現を達成したことになるだろう。ゲームセンターにたむろしている連中も自己実現をしたいとは思っているはずだ。しかし、打ち込む対象が見つからないから、とりあえずゲームセンターで自分の娯楽的楽しみを満たそうとしているわけだ。「生涯学習」とはそういう目先の快楽による楽しさではなく、打ち込みたいことを見つけ、それに打ち込み、その結果他人や社会の役に立つという充実した自己実現ができるように、誰にでもチャンスを与えていくことだと思っている。

1‐6 格差は「違い」と捉えるべきか？

「みんなちがって、みんないい」

童謡詩人で有名な金子みすゞ（1903～1930年）の詩（『わたしと小鳥とすずと』）の一節に、「みんなちがって、みんないい」というフレーズがある。これについてどう思いますか？と聞くと、多くの人は「いい」という。しかし「格差があっていいの？」と聞くと、多くの人は「よくない」という。なぜ、それぞれが違っていいはずなのに格差があってはいけないということになるのだろうか。「みんなちがって、みんないい」なら格差も肯定しなければおかしいのではないだろうか。

金子みすゞが童謡の詩を書き始めたのは20歳の頃で、4つの雑誌に投稿し、4つとも掲載されるという鮮烈なデビューを飾り、『童話』の選者、西條八十に「若き童謡詩人の中の巨星」と賞賛された。しかし、彼女の生涯は決して明るいものではなかった。23歳で結婚したものの、文学に理解のない夫に詩作を禁じられ、病気、離婚と苦しみが続き、26歳でこの世を去っている。この旨は生まれ故郷の山口県長門市にある「金子みすゞ記念館」のホームページに書かれているが、もし彼女が今、生きていたら、この詩のフレーズの真意を確かめてみたい気がする。

格差批判をする進歩的な人のなかには、共産主義社会を理想に掲げている人がいる。北朝鮮（朝鮮民主主義人民共和国）は全員同じ給料をもらって全員同じ教育を受け、医療費は無料でやっているタテマエだから、世界で一番格差のない社会だ。

極端な話になるが、格差が嫌なら北朝鮮に住めばいい。しかし、世界一格差のない国は世界一幸福だろうか？　そうではないだろう。なのに格差イコール悪と決めつけるのは、それがいつのまにか自分は不幸なのに、他人は幸福という社会に対する不満とすり替えられてしまっているのではないだろうか。

格差社会を批判するならば、地球規模の視野での格差を考えなければいけないのではないだろうか。発展途上国と日本の経済格差をいきなりゼロにすることは現実的には不可能である。日本では経済的に最底辺にいるのは、おそらくホームレスと呼ばれる人々だろうが、せめて日本のホームレスの生活水準にまでなりたいと思っている人は、世界に何億人といるのではないか。

格差は「違い」と捉え、違いがあるなかでどういう状態を形成していけばそれぞれが幸福なのかが大事なのだ。日本と途上国の違いを前提としたうえで、途上国に住んでいる人が自分の暮らしを幸福だと思えるようにするためには、どうすればいいのかを考えなくてはならない。日本と同じ暮らしをさせることのみを是とする考え方は間違っているのではないか。

独自の価値観の不在が「格差」を生む

厚生労働省の国立社会保障・人口問題研究所による「日本の将来推計人口（06年12月推計）」の発表で、30年後の日本の人口はほとんどの県で減少する。なんと秋田県などは半分になるという数字が示された。そのなかで、東京都と沖縄県の人口だけが増加すると予測されている。

経済的に豊かな東京で人口が増加するのは理解できる。だが沖縄は日本で一番貧しい県だ。それなのになぜ増えるのだろうか。格差論者的にいえば、東京と沖縄では格差は最たるものになっているにもかかわらずだ。経済的価値観だけでいえばあり得ないことが起こっているのである。

この調査は今の社会状況を非常によく表している。東京が増えているのは、仕事や進学で人口が絶えず地方から流入してくるというように、ほとんどすべて経済的要因による社会増である。一方、沖縄は、もともと出生率が高いこともあるが、沖縄に憧れて他地域から移住する人口も増えている。これは経済的要因ではない。つまり東京的価値観と沖縄的価値観の両方が存在しているのである。

地方へ出かけたとき、ある地域では現地の人々から、「東京はいいなあ。東京は経済的に豊かだから」と、東京をうらやむ言葉しか返ってこないことがある。その場合、その地方には東京的価値観以外の独自の価値観が育っていない証しだと感じた。

そういうメンタリティーだからこそ、数値的にも悲観的な未来予測しか導き出されないのではないか。格差論というのは、そういうファクターの一つひとつを見ていかなければならないと思っている。

教育の格差の問題も、マスの問題で捉えるのではなく、一人ひとりを見ていこうということを02年から目指し、教育には取り入れてきた。

「できる子ですか、できない子ですか？」という価値観ではなく、その子一人ひとりの、「これは得意な教科、これは得意でない教科」というのを見て、その得意でないところを補い、得意なところを伸ばす教育をしていくべきなのである。

教育再生会議のいう「ゆとり教育」の見直しのなかでさえ強調されているように、その教科が得意な子はそれを伸ばし、苦手な子にはじっくり時間をかけて教えていく、というのが大多数の国民の願いなのではないだろうか。そうすれば、得意な子どもは点数が上がるだろうから、過去のように中程度のレベルにあわせていた頃に比べて、それぞれの教科については、「できる子どもとできない子ども」に二極化していくに違いない。

「できる子どもとできない子ども」という言葉を使った場合、Aという「できる子ども」は、国語でも英語でも、どの科目でも二極化の上位の層にいて、Bという「できない子ども」はどの科目も下位の層にいる、という思い込みが一般的にはあるようだが、現実の様相はもっと多様だ。現実にひとりの子どもを見たとき、数学は上位で国語は下位という場合のほうが、むしろ多い。

だから、それぞれの子どもが社会で生きていく個別の力を獲得すればよいのであって、二極化自体はそんなに悪いことではないと私は思っている。

「ゆとり教育」批判の発端は、あちこちの大学の先生たちが、「今の学生は分数もできない」と言い出したことから始まっている。その背景には少子化がある。子どもの絶対数がどんどん減ってきており、大学を受験する子どもの数も減っている。勉強ができる子どもの数も、勉強ができない子どもの数も、共に減っているのだ。

京都大学が、分数ができない学生がいて問題だと思うのならば、受験科目として数学を課せばいい。どうしても分数ができる子どもがほしかったら、数学を受験科目に課せば解決するはずだ。受験科目を増やせば、合格するために仕方がないからみんな勉強するようになる。だけど、そういうことはやめようという社会的合意に基づいて科目数を減らしてきたわけで、そうした経緯があることを忘れて、みんな勝手なこと、極端なことを言い過ぎなのではないか、と私は思っている。

公教育における「平等」とは？

「教育、とくに公教育は平等であるべきだ」という意見がある。ある側面では私も賛成だが、「平等」という言葉の意味が使う人によって随分と違うのが問題だ。

「全員が東大を目指せる教育が平等だ」という意見がある。普通は、そんなの無理だろうと思うはずであるが、「全員が目指す権利があるじゃないか」と、いわゆる「進歩的」を自称する人たちがそんなおかしなことをいう。「全員が東大を目指せるように教育しろ」みたいなことをいうのである。

しかし、現実に東大に入れる人は1パーセントとしたら、残りの99パーセントは諦めるということになるわけだ。それなら、「最初から東大は目指さないよ」という考え方があってもいいのではないか。

大多数の国民は東大を出て大学教授になるわけでも、政治家になるわけでも、官僚になるわけでもないし、あるいは企業の経営者になるわけでもないし、またそんなものを目指さなくてもよいわけだ。本当に大切なのは、みんながそれぞれで、何らかのかたちで自己実現できることである。

だから、一人ひとりが自己実現できる可能性を高めるような教育システムがよいと思うのである。私は、男性も女性も、健常者も障がい者も、勉強が得意な人もスポーツが得意な人も、農作業を望む人も、みんながそれぞれ力を出し合い、お互いを尊重して生きていける社会が一番いいと思っている。恐らく大多数の国民がそうだと思う。それには選択の幅を増やしていくということと、強制の度合いを少なくしていくということが大切だ。02年から始まった教育システムは、まさにそういうものだったのである。

「平等神話」が生まれた理由

「教育は平等でなければならない」と当たり前のようにいわれるが、教育の平等神話なんて、昔はなかった。江戸時代に「教育は平等でなければならない」などという人は、ひとりもいなかったと思う。「平等の教育」なんてどこもやっていない。藩校もそうだし、寺子屋もそうだ。一人ひとり、マンツーマン教育のシステムであった。松下村塾も画一平等的な教育ではなかった。本来、教育というのは学ぶ人間、学びたい人間一人ひとりにあわせるのが理想のはずであったのに、画一的な唯物論が出てきて「平等」という話が後からついてきたのだ。いわゆる19世紀になって生まれた概念、頭で考えた概念なのである。

食べ物や収入など、数値で計れるものについて「平等」にするのは悪いことではない。大昔からそういうことは「平等」であったほうがよいとみんな思っている。しかし、精神的なことにまでそれを当てはめることはできるのだろうか。教育というのは精神的なもの。「平等」にできるわけがないのに、無理矢理「平等」にしようとした。そこに問題があった、と私は思う。

1-7 地方分権で、教育はどう変わっていくのか

2007年7月に行われた第21回参議院議員選挙では自民党・公明党の与党が歴史的に大敗した。私はこれを、東京一極集中に対する地方からの〝異議申し立て〟の意味合いが大きかったと

受け止めている。経済的にも富が都会に集中し、地方への分配が不足しがちで、教育を含む文化的な側面もすべて東京中心の議論でものごとが決められ、それが地方の実情にあわずにさまざまな矛盾が生じていることに、東京在住以外の人々はもう気づいているのだ。

住民エゴの「かたち」が決める学校の運命

たとえば少子化や過疎化で学校数が多すぎるとなったときの対応である。

東京の都心でその事態が生じたときには、「学校選択制」や「教育バウチャー制」が話題になった。学校数の調整に最も手っ取り早いのは学校の統廃合だが、比較的住民エゴの強いといわれる東京では、激しい反対運動が起こることが予想される。そこで、直接的に統廃合に乗り出さずに、「学校選択制」や「バウチャー制」を導入して、立ち枯れていく学校が出てくるまで待とうというわけだ。現実にも、学校選択制が実施された地域では、生徒の集まらない学校が廃校になっている。

これに対して、地方の住民のコミュニティ意識がしっかりしている地域では、地域住民と行政が何度も議論を重ねてコンセンサスができたうえで、学校の統廃合を進めていく……。たとえば京都市の御所南小学校というのは、5つの小学校を統廃合して作った学校。当然それぞれの学校で反対運動が起こり、それでも行政側がこの統廃合は絶対に必要なのだ、新しい学校はこういうポリシーでやるのだと、底にある理念から説明したのである。住民説明会を100回ぐらいやって、住民側もその都度200人、300人単位で集まって真剣に議論に参加した。もちろん、京都にも住民エゴはある。しかし、それは東京に見られるような個人個人てんでんばらばらのエゴではなくて、われわれの町の学校なのだから、「コミュニティ・スクール」なのだから、こういうふうにしてほしいという、いわば集団としての住民エゴなのだ。

統廃合は学校再生のチャンスでもある

いささか話は逸れるが、統廃合は学校再生のチャンスなのである。学校で大事なのは教育理念であり建学の精神だ。これは学校に限らず企業でもそうだと思うが、創業者がやっている時代は成功することが多い。これが2代目、3代目となるにつれてダメになっていく。創業者の精神、理念、ポリシーといったものがだんだん薄れてくるからだ。

学校でいえば教育理念がはっきりしていなければ、どういう教育をしていけばよいのか、教師も力が発揮しにくい。日本の公立小学校だったら古いところで１００年以上、中学校なら60年以上やってきている。建学のときはみんな素晴らしいポリシーがあったのだろうけど、それが共有しにくくなっている。それが、統廃合でいくつかの学校が一緒になろうというときには、否応なしに新しい教育理念を掲げなければならない。統廃合によって生まれた新しい学校が、新しい教育理念を掲げて成功している事例が多いのは、そうした理由からなのである。

教員の採用を、市町村が独自の基準で行う時代へ

「先生」の身分は公務員だ。普通、町村の役場や市役所の公務員は、たとえば八王子市だったら八王子市の公務員として雇われている。しかし、学校の先生だけは、今は八王子市立の小学校に配属されているとしても、雇っているのは東京都であり、都道府県単位で雇い、都道府県単位で採用試験をやり、都道府県単位で人事をして評価もしているのだ。

08年7月上旬に発覚し、2ヵ月以上、連日のようにメディアを賑わせた大分県の採用試験汚職事件は、小・中学校の教員の採用の合否がいかに粗雑で安易な方法で行われているかが暴露され、国民は呆れてモノもいえないほどの憤慨と怒りを覚えている。教師への信用は丸つぶれである。

地方分権で教育の分野もどんどん変わりつつある。恐らく教師は遠からず市町村単位での採用・雇用になるだろう。そうすると教師のレベルが維持できなくなると不安視する意見があるが、たとえば八王子市役所の職員と立川市役所の職員とレベルが違うかもしれないのは当たり前のことで、八王子市民が今のサービスでいいと思うのだったら、それはそれで仕方がないのではないだろうか。

教師もそういうことになってくるわけだ。資質の高い教師がほしいというのなら自分たちでちゃんとチェックして、採用もそれぞれの市町村が独自にやって構わないということになるだろう。つまり普通の公務員と同じように、自分たちの町の教育という仕事に携わる公務員はどれくらいのレベルがいいのか、どんな人がいいのか、というのを住民全体で考えていくようになって

いけばいいのである。

教員免許10年更新制度が地方分権を担保する

07年に教育職員免許法が改正されて、現役教師は10年ごとに教員免許の更新をしなければならなくなった。この制度自体には、私は反対である。あなたの免許は終身のもののはずだったのだが、今度から10年の効力しかないことになりました、といわんばかりの乱暴なやり方としか見えない。ただでさえ社会から過剰な批判を浴びる傾向のある教師に、さらに心理的、物理的両面の負担を与えることになる。この問題は改めて第2章で論じよう。

ここでいいたいのは、この制度を行っていくのなら、教員の採用や人事は市町村に任せていっていいのではないか、という地方分権上の話である。

もともと教員免許は国がそのレベルを定めたうえで与えているものだから、教員免許をもつ人間には本来子どもたちをきちんと教育する能力があると、国が保証しているわけだ。今回の改正で10年更新制度が導入され、教師たちが免許を保持するにふさわしい力を常時もち続けていることを、改めて国が保証するかたちになったのである。

つまり現役教師の能力レベルに対する国の保証がより強固になったわけで、教育の地方分権が進み、地域が独自の基準で教師を選ぶようになると教師のレベルが下がるのではないか、と危惧する意見に対して、今回の教育職員免許法の改正、教育免許の10年更新制度の導入が、有力な反論材料になり得る。国が10年ごとに改めてしっかりと保証するのだから、市町村が独自に雇用したとしても、教師の最低水準は保証されているという理屈だ。

ある地域なり学校が教師を選ぶとするならば、国はそれ以上口を出す必要はない。都道府県も口を出す必要はない。小・中学校だったら市町村で教師を選べばよいし、県立高校だったら県が選べばよい。つまり地方分権でやっていけばいい。そういったなかで地域は、自分たちが教師として質が高いと思う人間を採用していけばいいのである。

1−8　子どもたちはどう変わってきたのか

マスコミから「ゆとり教育」と称された２００２年からの本格的個別化教育が学力低下を招くのか、それとも、子どもたちに本当の学力を身につけさせることができるのか。そのことは、学習指導要領の実施された02年に小学校に入った子どもが大学に入る14年頃まで、本当のところは分からない。

ただ、87年に臨時教育審議会が「個性重視の原則」を答申してから02年までの間、何の変化もなかったわけではない。89年に学習指導要領が改訂され、前述したように92年から段階的に「学校週5日制」がスタート。小学校1、2年生の理科、社会科が廃止され、代わりに生活科が導入された。93年から中学校で、94年から高校で家庭科が男女必修となった。また92年には偏差値の基準となる業者テストが廃止された。広い意味では92年以降、公立校に学んだ子どもたちは、「ゆとり教育」と呼ばれるものに通じる考え方で教育を受けてきたといえる。そこで、子どもたちはどう変わってきたのか。

落ちこぼれ、校内暴力は明らかに減少した

08年、福岡県の筑豊地区で中学校が荒れて、校長と教頭が休職に追い込まれ、警察が学校に入ったというニュースがあった。私は80年代に福岡県の教育委員会で課長を務め、その事件が起こった学校も含めてあの辺りの実態をよく知っている。当時の中学校は大半が荒れ果てていて、それが原因で教育管理者が休職していたら、校長も教頭もひとりもいなくなるぐらいであった。およそ25年前のことである。いわば犬が人間を咬んでもニュースにならないという状況で、それが今は校内暴力自体が少なくなって、ニュースになるようになったのだなぁ、と妙な感慨を覚えた。

10年前にタイムスリップすれば、渋谷のセンター街ではチーマーがオヤジ狩りをやっていたし、地方でもコンビニエンスストアの前に少年たちがたむろして座り込んで、怖くてしょうがないという状態であった。生活実感としてこの10年、20年でそうした、子どもたちのすさんだ姿が放置された形で露になることは明らかに減少した。

偏差値撤廃で専門高校が本来の姿に戻る

またかつては偏差値によってすべての高校が序列化されていた。普通高校が普通高校のなかだけで序列化されるならまだしも、実際には農業高校、工業高校、商業高校といった本来スペシャリストの養成が目的の職業高校（現在は専門高校）まで、偏差値で序列化されていた。つまりAという普通高校に進学するには偏差値が足りないので、将来農業に従事する気がまったくないのにBという農業高校に進学するというミスマッチの進路指導が当たり前のように行われていた。その結果、職業高校が荒れ果てるケースが多く、中退者も多く見られた。

事態はここ15年ほどで劇的に変わった。皆さんも一度実際に見に行ってみれば実感できるはずであるが、将来の職業に生かすために専門の知識や技能を学ぶという本来のあり方に戻っている。これは、画一平等教育から、多様化する価値観に対応する教育への転換を目指した改革の、ポジティブな成果といえるだろう。

大学の空気も変わった。実際の学生を見もしないで「大学崩壊」などと無責任なことをいう評論家もいるが、ゼミの参加率は高いし、「自分の考えはこうだ」と発言するようになってきている。環境問題やボランティア活動への意識も高い。これらは20世紀的な価値観ではナンセンスなことかもしれないが、21世紀を生き抜くためには大切なことである。

20世紀の「学生運動」と21世紀の「ボランティア活動」の違い

20世紀的な価値観とは、たとえばこういうことだ。先頃、ある民放テレビ局が連合赤軍についての特集番組をやっていて、キャンパスに行って今の学生に、「革命」とか「抵抗」とか「権力」についてどう思いますか、とインタビューする場面があった。「革命?」「抵抗?」「権力?」「それって何?」と、みんないうわけだ。そういう画像を撮ってきて、今の学生はダメだというわけである。

武力革命で世の中をよくしようというのは20世紀までの社会であって、21世紀の成熟社会は、チベットのダライ・ラマがいっているように、独立運動でさえ武力革命ではなく、国際社会のプレッシャーで独立を達成しようという時代である。むしろ今の学生が、「革命だ」「抵抗だ」「権力だ」といっていたら、そっちのほうが心配だ。

全共闘の時代は、環境のことなど考えもせずにガソリン使い放題、電気使い放題、資源使い放題で学生運動をやっていたわけだし、そもそも学生運動で「弱い人を助ける、自分は弱い人の味方だ」といっていた連中もヒーロー気取りだったり、深層心理的には自分の自尊心を満足させるためだったり、自分の政治的野望を達成するためだったり、というのが多かったのではないだろうか。

それに比べれば今の学生のボランティア活動は、実に素直だ。東京の大学ではあまりないのかもしれないが、京都の大学だと、どこかで大きな災害が起こったら、「助けに行こう」という学生が100人単位で出てくる。それぞれの大学がバスを仕立てて、立命館大学なら立命館大学の救援隊、龍谷大学なら龍谷大学の救援隊としてみんなが現地に飛んで行く。大学が行かせているのではなく、学生たちが自主的に行っているわけである。「大学崩壊」という言葉だけで何か分かったようなふりをするのではなく、今の大学生がどうなっているのか、現実の大学生を見てほしいと思う。

第2章　今後10年間を通じて目指すべき教育の姿

第2章は、2008年7月閣議決定された「教育振興基本計画」の中身の検証を切り口に展開している。この基本計画が注目されたのは政府および文部科学省が今後10年間を通じて目指すべき教育の姿を浮き彫りにしており、しかも向こう10年間で世界トップの学力水準を目指すというコンセプトなのだ。そのためには公教育の質を高め、失われた信頼を確立、「社会全体で」子どもを育てる、という考え方が計画のなかで随所に表現されている。その前提として今後5年間に総合的かつ計画的に取り組むべき基本的方向として77項目にわたる施策が体系化されている。その中身を掘り下げ、俎上にのせてみることに意味があると思う。

本章ではこの教育振興基本計画のほか、関連あるテーマとして、「全国一斉学力テスト実施の本当の理由」「教育再生会議の終焉と残したもの」「教育三法改正の問題点とは」「中央教育審議会の答申が意味するもの」「新しい学習指導要領はこう変わる」「実を結んでいる総合学習的学習方法」「総合学習の実践例に見る広がりと深み」「学習指導要領改訂の最大の問題点は」などで構成され、10年後の目指すべき教育の姿を検証していく。

2－1「教育振興基本計画」の中身

10年で世界トップの学力水準を目指す、というコンセプト

洞爺湖サミットを7日後に控えた2008年7月1日閣議決定されたのが、文部科学省でかねがね検討を重ねてきた「教育振興基本計画」である。06年12月に成立した改正教育基本法は、第17条としてこの計画を規定している。

政府は、教育の振興に関する施策の総合的かつ計画的な推進を図るため、教育の振興に関する施策についての基本的な方針及び講ずべき施策その他必要な事項について、基本的な計画を定め、これを国会に報告すると共に、公表しなければならない。

地方公共団体は、前項の計画を参酌し、その地域の実情に応じ、当該地方公共団体における教育の振興のための施策に関する基本的な計画を定めるよう努めなければならない。

と条文にあるように、国の施策だけでなく地方の教育政策にも影響を与える、きわめて重要な計画なのである。

この基本計画には、子どもの学ぶ意欲や学力・体力の低下、問題行動、家庭と地域の教育力の低下などの課題と、「少子高齢化」「環境問題」「グローバル化」など国内外の状況の急速な変化に対応するため、もう一度、教育の果たすべき使命を踏まえ、改正教育基本法に新たに明記され

た教育の目標や理念の実現に向け、改めて「教育立国」を宣言、その振興を図り、社会全体で教育に取り組むことが必要だという考えが底流にある。

文科省のホームページを検索すると、教育振興基本計画の骨格が読みやすく分かりやすく紹介されており、A4判3枚だけで説明会等の配布資料にもなる。役所文書に多いモノクロではなく、瞬時にカラープリントができ、学校や教育関係者だけでなく、いかにも家庭や地域の人たちにも広く読んでほしいという意図が読みとれるWebデザインが用いられている。そのあたりにも、これまでとは違う意気込みが感じられる。

公教育の質を高め、信頼を確立、社会全体で子どもを育てる

教育振興基本計画は、①今後10年間を通じて目指すべき教育の姿、②今後5年間に総合的かつ計画的に取り組むべき施策、③施策の総合的かつ計画的な推進のために必要な事項……で構成されており、10年間をとおして目指すべき教育の姿を実現するに当たっては大きく2つの目標が設定されている（以下、要約）。

（1）小学校・中学校の9年間、義務教育修了までに、すべての子どもに、自立して社会で生きていく基礎を育てる。そのためには公教育の質を高め、信頼を確立し、社会全体で子どもを育てる、という考え方が必要不可欠だ、という。

（2）もうひとつは、社会を支え、発展させると共に、国際社会をリードする人材を育てる。そ

のためには高等学校や大学などにおける教育の質を保証し、「知」の創造等に貢献できる人材を育成する。こうした観点から、世界最高水準の教育研究拠点を重点的に形成すると共に、大学等の国際化を推進する、という。

このような教育の姿の実現を目指し、OECD諸国など諸外国における公財政支出など教育投資の状況をひとつの参考とし、必要な予算について財源を措置し、教育投資を確保していくことが必要だ、という。

今後5年間に総合的かつ計画的に取り組むべき施策

取り組むべき施策の基本的な考え方は、教育に関するいろいろな政策を横断的に捉え直し、その総合的な推進を図ること。その際、各施策を通じてPDCA（Plan-Do-Check-Action）サイクルを重視し、より効率的で効果的な教育の実現を目指す、という。

取り組みの全体を通じて重視する考え方は、①「横」の連携：教育に対する社会全体の連携の強化、②「縦」の接続：一貫した理念に基づく生涯学習社会の実現、③国・地方それぞれの役割の明確化、である。

さらに施策の基本的方向としては、❶社会全体で教育の向上に取り組む、❷個性を尊重しつつ能力を伸ばし、個人として、社会の一員として生きる基盤を育てる、❸教養と専門性を備えた知性豊かな人間を養成し、社会の発展を支える、❹子どもたちの安全・安心を確保すると共に、質の高い教育環境を整備する……というもの。

この基本的方向性に基づいて、77項目にわたる施策を体系化し、とくに重点的に取り組むべき以下9つの事項が詳しく一覧に示されている。

◎確かな学力の保証、◎豊かな心と健やかな体の育成、◎教員が子ども一人ひとりに向き合う環境づくり、◎手厚い支援が必要な子どもの教育の推進、◎地域全体で子どもたちを育む仕組みづくり、◎キャリア教育・職業教育の推進と生涯を通じた学び直しの機会の提供の推進、◎大学等の教育力の強化と質保証、◎卓越した教育研究拠点の形成と大学等の国際化の推進、◎安全・安心な教育環境の実現と教育への機会の保障

……「社会全体で」というフレーズが随所に出てくる基本計画である。

数値目標の記載がない教育振興基本計画

当初の文部科学省案は、「教育予算をGDP（国内総生産）比5パーセント超に」「教職員定数2万5千人増」という2つの大きな数値目標が掲げられ、注目された。さらに、たとえば基本的方向❷の施策の一つに示されている「幼児期における教育を推進する」のなかで、「幼児教育の無償化に向けて検討する」という表現から「向けて」が削られ、「幼児教育の無償化の検討を含む保護者負担の軽減」と変わり、道徳教材の国庫補助制度の創設や学生への経済的支援の拡充など、表現が弱められた箇所が相当数に上っている、という。

財務省、総務省、与党の行政改革推進派議員らの強い反対に屈し、計画のなかに示そうとした数値目標が大幅に修正・削除された感じである。

教育振興基本計画を評価する

かなりの大部ではあるが、これはぜひ皆さんも読んでほしい。それだけの価値がある内容である。文部科学省のホームページで簡単に見られるし要約もされている。

第1に、これが5年後に全面的に点検されて見直されること。そして以後も5年ごとにそれが行われること。これは大きい。きちんと年限を区切って再検討する仕組みになっていることは、計画が硬直したものでない証拠であり、信頼度を増す。

第2に、国会に報告されることにより、政府全体はもちろん、国会もこの内容について責任を共有すること。国民や国会が行政を信用し、文部省（当時）に政策立案を任せていた時代は、むしろ計画など不要だった。計画にとらわれず臨機応変に状況に対応し、その場その場で最も有効な施策をとることが重要だったといえる。だが、今日のように行政への信用が薄れているときには、文科省への全面委任など期待できない。

閣議決定や国会審議で認められた臨時教育審議会答申に基づいて進められた教育改革に対してさえ、「ゆとり教育」批判の声が挙がると途端に行政不信の流れになり混乱を招くのである。あらゆる教育施策について教育振興基本計画に方針を書き込み、それを国会や国民の眼に晒して了承を得たうえで実行しなければ、その都度の批判や不安の声に左右された腰の据わらぬ行政しかできなくなってしまう。

第3に、これは財務省からの横槍があったためでもあるようだが、予算面をはじめ数値目標めいたものがあまり示されていない点だ。これを批判する的外れな意見もあるが、私は逆に、ここを高く評価する。本来、教育に予算目標を含め数値目標はそぐわないと考えるからである。教育とは基本的に理念の営みであり、経済とは異なる。

2-2 全国一斉学力テスト実施の本当の理由

さて、2007年4月に実施した「全国学力・学習状況調査」に、文部科学省は70億円もの予算を費やした。全国一斉の学力テストを実施すること自体にまったく意味がないわけではないが、この財政が厳しくて教育予算が伸びないときに、こんなに大きな予算をかけてやるほどの意味があったのだろうか、疑問が残る。日本の子どもたちの学力水準を調べるためなら、文科省が従来行ってきた無作為抽出による調査で十分である。予算も3千万円程度で済むはずだ。

にもかかわらず遮二無二実施させた理由は、成績を学校ごと、クラスごとに公表して学校同士、教師同士の比較をして競争させる、市場主義、新自由主義の発想が根底にある。ところが、そんなことまでするだけの国民的合意がないままに実施したから、全部を公表するようには使われていない。だとすれば、ますます無意味だ。また、公表非公表をはっきりさせないで慌てて始めたから、いろいろな混乱を招いている。

教育や文化の分野では、お金をかけなくてもできることがある。国の借金が８００兆円以上もあって、国家財政を緊縮しないといけないという流れのなかで、少なくとも医療、年金、社会保障などは今日的観点からも教育より緊急の生命にかかわる課題だ。これらの課題に優先的に予算を振り向けた結果であれば、教育予算が増えず、教育はしばらくお金をかけずに現場で頑張ってほしいということなら仕方がない。教育行政出身の私でさえそう考える。

予算も潤沢でないなかで、文科省が43年間も実施していなかった全国一斉学力テストに踏み切った背景には、データ至上主義の人たちに押し切られた面もあったと思われる。学校をよくするにはどうしたらよいかを考えたり、文教政策を立てたりするには、実際に子どもたちを見るより前に、「まずデータがないとまずい」というような秀才的強迫観念があったのではないか。しかし、最大の理由は学校や教師への大多数の国民がもつ不信感ではないか。「私たちの学校はあなたの子どもの学力をきちんと把握し、子どもが必要な学力をつけるよう、きちんと教育していますよ」という学校や教師の言葉が信じられていたら、「一斉テストでうちの子どもの学力を測れ」という話にはならなかったはずである。

学校・教師に信頼回復のチャンスを

今、本当に必要なのは、学校や教師への信頼回復である。02年の学習指導要領の実施に際して、新しい教育システムを提供するのと同じくらい大事なこととして、文部科学省は学校や教師の信頼回復を掲げてきた。学校の情報開示や学校評議委員システムの導入などを推進してきたのも、それが信頼を取り戻す方法だと信じたからだ。

ところが、学校不信はなくなるどころか、「学校選択制」や「教育バウチャー制」を導入してダメな学校はつぶせとか、教員免許を10年ごとの更新制にしてダメな教師は去れとか、教育に市場原理を持ち込むところまでエスカレートしてしまった。これは明らかに行き過ぎだと思うし、市場原理を導入して現場にプレッシャーをかけるのは、こと教育に関しては害が大きいのではないかと私は考える。

確かに学校や教師は国民の信頼を損ねた。だからといって、それを正すのに、ここまで過激なことをやらなくてもよいのではないか。私は国民の皆さんに少し冷静になってほしいと思う。02年からの学習指導要領実施に伴い、情報公開の徹底をスタートさせた。保護者や地域住民も学校運営に関与できるようになった。それでどうなるのかを見守っていただきたい。まだ6年しか経っていないのに、性急に判断しないでほしい。カップラーメンだってお湯を注いで3分待たないと美味しくできないのに、今のやり方は、待っている途中で開けて「まずい、まずい」といっているようなものだ。

現時点での学校不信は、もはや学校や教師だけの責任ではないように思う。根っこのところには日本の官僚制度全体への不信がある。外務省も財務省も防衛省も文科省も社会保険庁も警察も、都道府県庁も市町村役場もあらゆる役所に対して国民が信頼を失っているなかで、公立学校も例外ではないということである。国民生活に直結した社会保険庁の体たらくは言語道断、不信感どころの話ではない。

言語道断といえば、前述した大分県の教員採用汚職事件は、人間の常識の枠を超えた史上に残る大きな「汚点」である。県の教育委員会に対する不信感を増幅させただけでなく、2つの側面から〝病巣〟を捉えることができる。ひとつは小・中・高・大学でトータル14～16年間、勉学にいそしみ、教員免許を取得し、そのハードルを越えさえすれば念願の教師として教壇に立てる、と思って受験した教員採用試験が自分の実力とはまるで関係ない裏舞台で、高額の金品の付け届けによって点数がつけられ、合否が調整されていたという、なんとも情けない汚職事件だ。ここ数年来、県の採用人員40人のうち半数以上が不正採用だというから驚きである。もうひとつの側面は、市立小学校の教頭や校長が人事権をもつ上層部へ金品を贈って昇格・昇任を依頼したという不正昇格事件だ。金銭の授受による不正採用、不正昇任がここまで明るみに出ては、教育委員会や教師を信用してほしいといわれても、到底信用できる筋合いではない。

外務省や警察は常に国民全体の生活にかかわるうえに、取って代わる組織がない。国民側が一時期不信感を抱いたとしても、ずっとかかわらないで生活するのは難しいし、役所側にとってみれば信頼回復のチャンスは常にある。一方、学校の場合は、国民がユーザーの立場にあるのは基本的に子どもが学校に通っている間だけだ。先に限りがあるうえに私立学校という比較対象があるのだから、要求は必然的に厳しくなる。子どもが卒業してしまったら大多数の国民はもう関心を失ってしまうので、その人に対する信頼回復のチャンスはなくなり、結局、学校不信、教師不信だけが残ってしまうのだ。

そんななかで教育三法が改正されて、教員免許の10年更新制が導入され、09年から実施される。他の公務員は一度公務員試験に合格すればずっと公務員でいられるのに、教師だけが10年ごとに資格を問われるという厳しい話になってきた。

学校・家庭・地域の「相互不信」から「相互信頼」の時代へ

実際にはこの10年、20年、学校のサービスは画期的に向上している。私自身の見聞でいえば、84年に福岡県の教育委員会にいたときだが、当時の中学校の標準授業時間が１０５０時間だったのに対して、８００時間しかやっていない地域があった。要は組合が強い地域で勘違いした一部の日教組組合員たちがサボッていたわけであるが、当然子どもたちの学力もつかなくて、全県学力テストをやればその地域は最下位。そのような状態であれば学校不信も当然で、とうとう親が立ち上がってストライキ、つまり子どもを学校に行かせなくなったのだ。先生が授業を放棄するのだったら、こちらは集団不登校だというわけで、これがきっかけになって立て直しが始まった。

当時教育に関していえば、学校・家庭・地域の間で「相互不信」が蔓延していた。学校や教師が最近の親はおかしいといい、親は最近の学校や教師はダメだといい、地域の大人たちは学校にも家庭にも問題があると非難するというような状態。日教組に代表される教師への不信感、文部省（当時）への不信感も色濃くあり、お互いが不信の連鎖で、おかしいぞ、おかしいぞと非難しあっていたのである。

振り返ればこの時代に激しくやりあったおかげで随分と現場が改善された。今や学校現場だけを見れば、深刻な学校不信を招くような状況はほぼ払拭されている。「モンスターペアレント」などという揶揄語が流行り、テレビドラマのタイトルにまでなっているが、これはむしろ今の学校の状況にクレームをつける保護者が異常だというニュアンスで、こういう言葉が使われているわけだ。教育の現場を見る限りにおいては、相互不信ではなく「相互信頼」を築いていくべき時代、相互信頼に基づ

いて学校・家庭・地域が協力して問題解決に当たっていく時代に入っているように思う。

悪循環を断ち切るために、現場の教師は一層の奮闘を！

しかし、みんなが信頼しあっている社会ではメディアは儲からない。世の中の不安を煽ることで金儲けをしているロクでもない学者も、不信感が蔓延している社会のほうがトクをする。だからいまだに学校不信を言い立てるメディアや識者がいて、それが教員免許更新制度という厳しい制度の導入につながり、これが現場の教師の「不平不満」を生んで、学校改革が停滞する。学校が変わらなければ保護者や国民の学校への不信感が再燃するという悪循環を招いている格好だ。

どこかで悪循環を断ち切らねばならない。保護者や国民に変われとはいえないから、学校や教師の側が変わらなければならない。どうすればいいのか。はなはだ精神論的であるが、ここは歯を食いしばって仕事に打ち込むしかない。過労でダウンするほど働けというわけではない。すべての教師に10点満点で10点の完璧な成果を求めようというのでもない。2点の人は3点取れるように、6点の人は7点取れるように頑張る。10点の人は11点を目指す。何しろ100万人近い教師がいるのだから、すべての教師が1割か2割ほど力を上げるだけで、その上昇量の総和は著しいものになる。

地震のような災害が起これば、みんな懸命になって救助や復興に取り組む。今、学校がおかれている状況は、それと同じだと思ってほしい。どんなことをしてでも学校に対する信頼を回復しなければならないこの非常時に、教師たちに歯を食いしばって仕事に打ち込むことを求めるのは、決して無理な注文ではないと思う。

2-3 教育再生会議の終焉と残したもの

2008年1月、教育再生会議は福田首相（当時）に最終報告を提出した。

この教育再生会議についての評価に言及する前に、再三繰り返しになるが、これまでの日本の学校教育の流れを改めておさらいしておくと、日本の学校教育の方針は、大きく3期に分けることができる。第1期は明治から1977年まで、第2期は77年から02年まで、第3期は02年以降である。

教育再生会議は政治的思惑の産物だった

明治以来の第1期においては教育の取り組み方は画一的で、学習内容は増加の一途をたどった。学習内容を増やし続ければ、教え方は大量の暗記的知識を短時間で教え込んでいく、いわゆる「詰め込み」にならざるを得ない。あまりに速く進むので「新幹線授業」と批判された授業が大量の「落ちこぼれ」を生み出した。71年から実施された「現代化カリキュラム」といわれた学習指導要領で学習内容の増加はとうとう限界を超え、子どもたちが悲鳴を上げ始め、「いじめ」や

「校内暴力」といった問題が噴出し、「受験地獄」という言葉が生まれ、過激な「受験競争」が社会問題化した。

それまで増加の一途をたどっていた学習内容が初めて削減の方向に転じたのが、77年に告示された「ゆとりカリキュラム」といわれた学習指導要領であった。84年に当時の中曽根康弘内閣が臨時教育審議会（臨教審）を設置。87年、臨教審は画一的教育から個別的教育へ、教育する側の論理から学習する側の論理への転換を提言する「生涯学習の理念」を柱とする最終答申を行った。92年からは段階的に「学校週5日制」が導入され、業者テスト・偏差値による輪切りの廃止、小学校への生活科の導入、中学校での選択科目の強化、高校での総合学科の新設などの改革が行われた。この第2期を総括すれば、学習内容は削減されたが、画一平等教育は残っていたということになる。

ようやく教育の個別化が決定的になったのが02年からである。学習内容の30パーセント削減、習熟度別授業、総合的な学習、完全学校週5日制などを主な内容とするもの。教育再生会議は06年10月、こうした「学習内容の削減」「教育の個別化」の流れに、もとから批判的だった当時の安倍首相の肝入りで誕生した。

07年1月下旬に提出された第1次報告は、4月の統一地方選挙に間にあわせるために拙速に取りまとめられたのが明らかな代物であった。それに比べれば6月に提出した第2次報告はまだしも体をなしていたが、それでも7月の参議院選挙に間にあわせるためと、政治日程に急がされて作成されたのは明らかであった。しかも、参議院選挙前に自民党の旗色が悪くなると、担当室長という重要なポストを兼任していた義家弘介委員を辞めさせて立候補させるなど、この会議自体が政治的思惑の産物であることを白状するような茶番劇すら演じられたのである。

結論は「競争」か「共生」か

参議院選挙で自民党・公明党の与党が大敗を喫し、いったんは居座りを決め込んだ安倍元首相は9月になって突然政権を投げ出した結果、教育再生会議は漂流状態に陥る。この会議を招集して世論を誘導しようとした安倍元首相のスローガンは「改革と競争」であったが、後任の福田前首相のスローガンは「自立と共生」である。これらのスローガンを素直に読み解けば、安倍氏の思想が、教育基本法改正などによって国家権力を強化し、国の力で教育改革を断行するというものであったのに対して、福田前首相の発想は、自立した地方や国民に改革を委ねるというものであると思われる。「競争」と「共生」もまた正反対の理念だ。

教育再生会議は12月、第3次報告を福田内閣に提出。福田前首相は、「私の『自立と共生』にあった報告」と社交辞令を出したが、思想も手法も異なる人物の、しかも無責任にも職務を投げ出した前任者の私的な諮問機関がもたらした報告を、福田前首相が自らの政治課題として素直に実行すべく努めるとは考えにくいのだ。08年1月、教育再生会議は第3次報告から1ヵ月も経たないという慌ただしさで最終報告をまとめ上げ、その使命を終えた。

実効もなければ実害すらない、教育再生会議報告

かつて中曽根内閣の臨教審は、臨時教育審議会設置法という法律に基づく正式な行政機構の一部であった。臨教審が設置されていた84年からの3年間は、文部省（当時）の正式な諮問機関である中央教育審議会（中教審）は事実上その機能を臨教審に譲っていた。87年、臨教審は最終答申で「少子高齢化」「国際化」「科学技術の進歩」「情報化」の4つのキーワードで未来社会を予測し、その未来社会を生き抜くにふさわしい人間を育てるための教育理念が「個別的教育」であり、「生涯学習」であると提言したのである。臨教審の未来社会の予測がみごとに当たっていたことはご承知のとおり。最終答申の内容が、その後の日本の教育の方向性を決定づけた。

それに対し教育再生会議は、法的根拠は何らない、安倍内閣の閣議決定で作られた総理大臣の私的な諮問機関に過ぎない。安倍氏の著書『美しい国へ』（文春新書）には「教育の再生」と題された章があり、「ゆとり教育」批判が展開されている。その後立候補した自民党総裁選でも「ゆとり教育」見直しを前提とした「教育再生」を公約に掲げて勝利した。つまり、教育再生会議は、安倍氏が自らの理想とする「美しい国」を作るための政治課題であり、かつ安倍政権の公約である「教育再生」を理論武装するために、お気に入りのメンバーを集めたきわめて政治的な存在であった。メンバーである委員が忠誠を誓うべき相手は安倍元首相ひとり。これからの社会に適した大人を育てるためにはどのような教育が必要か、真摯な議論の積み重ねの末の報告ではなく、最初から結論ありき、答えありきで、安倍氏の意向を反映した報告内容になるだろうことは、あ

らかじめ想定内であった。

実際いかに無責任な報告をしたところで、実害も実効もない。報告を実行するなら文部科学大臣から中教審に諮問し、中教審の答申を得て、さらに重要事項については国会での審議と議決を経た法改正が必要だ。教育とは教育再生会議の最終報告にあるように、まさに「100年の大計」なのだから、実害にせよ実効にせよ、存在価値が認められ、評価が定まるのはかなり先の話だ。メンバーが国民に対する責任を直接問われる恐れは、まずないだろう。もともと教育再生会議の報告は、それほどの重みしかないものだったのだ。

「ゆとり教育」を否定しきれない報告書の中身

果たして、報告では確かに「ゆとり教育」が批判されている。第1次報告の「7つの提言」の第1番目が「『ゆとり教育』を見直し、学力を向上する」とされ、第2次報告では「ゆとり教育見直しの具体策」として、「授業時間10パーセント増の具体案」が掲げられた。「徳育の充実・教科化」の提案などにも安倍色を感じさせた（中教審・山崎正和会長らの反対で教科化は見送られた）。

ただし興味深いのは、安倍流の教育再生思想を具体化した内容ながら、02年の学習指導要領の、いわゆる「ゆとり教育」的思想を否定しきれていないことである。たとえば前述の第1次報告「7つの提言」の「『ゆとり教育』を見直し、学力を向上する」で具体的対策として挙げているもののひとつが、「伸びる子は伸ばし、理解に時間のかかる子には丁寧にきめ細かな指導を行う」とある。これはつまり02年以降の「教育の個別化」、いわば第3期の〝ほんとうの「ゆとり教育」〟を具体化するための「習熟度別授業」のことであり、学習指導要領の実施に当たって、当時私が文部科学省のスポークスマンとして説明していたこととまったく同じことなのである。この「習熟度別授業」の推進については、「『画一主義』『形式主義』を改め、子どもたち一人ひとりの可能性を最大限伸ばす」と表現を変えながら、最終報告でも踏襲されている。

教育再生会議はこうして終焉を迎え、08年2月、後継組織として「教育再生懇談会」が設置され、メンバーも一新、10人のうち5人が中教審の委員と臨時委員で占める顔ぶれである。再生会議の最終報告が政策に反映されるかどうか点検するという役割を担っているが、果たしてどうか？福田前首相も政権を投げ出してしまった今、この会議もまた尻すぼみに終わりそうである。

さて、安倍内閣の〝目玉〟であったはずの教育再生会議が子どもたちのために何を残してくれたといえるのだろうか。その答えは改めていうまでもない。

2-4 教育三法改正の問題点とは

学校教育法、地方教育行政法（地教行法）、教育職員免許法などのいわゆる「教育三法」の改正案は2007年6月20日、国会で可決され、同月27日に公布された。

06年12月に約60年ぶりに教育基本法が改正されたのを受けて、改正教育基本法の新しい教育理念を踏まえた教育関連法の改正は文部科学省、中教審の検討課題でもあった。ただし今回の教育三法改正には、安倍政権の教育再生会議の影響が影を落としている。

具体的には教育再生会議が06年1月24日の第1次報告で「4つの緊急対応」として教育三法の改正を提言。安倍政権は中教審に対して、教育関連法の改正について、この第1次報告を参考にしつつ、きわめて短期間で集中的に審議し、答申することを求めた。「教育基本法の改正を受けて緊急に必要とされる教育制度の改正について」と題された中教審の答申が文科省に提出されたのは3月10日。実質的な審議期間はわずか1ヵ月。この答申を受け、文科省の手で法案化され、国会の審議を経て可決・成立したのが新教育三法だ。

日本の教育を具体的に変える教育三法改正

このように教育三法改正については成立にいたるプロセスに問題がないとはいえない。中教審の自立性への疑問や官邸の介入が批判されるのは当然のことだろう。ただし、いまだに教育界に「教育三法改悪反対！」などと叫ぶ人がいるのは、私には解せない。

国会議員はわれわれ主権者たる国民が、自らの代表として選んだ人たち。彼らは自らの政治的信念に従って、法案の賛否に票を投じたはずだ。つまり基本的には彼らは国民のためによかれと思い、主観的かもしれないが「改正」の意識をもって議決に加わっているはずなのだ。その基本認識を否定することは、憲法に定められた国会の存在意義を否定することに通じ、国会の議決に対して「改悪」と言い続けるのは、日本国憲法を大切だと考える人のすることではないと思う。

教育再生会議の報告などとは違い、成立した教育関連三法は、具体的に日本の教育制度を変えていく。教育に携わる者が今、なすべきなのは、成立のプロセスの問題点をいつまでもあげつらうのではなく、新法の中身をきちんと読み、理解し、改正点を一つひとつ見ていって、批判すべき点を批判し、評価すべき点を評価することではないか。

副校長職などの法制化で、学校外部に対する責任体制を整備

学校教育法改正については、私は評価すべき点が多いと感じた。とくに「副校長等の新たな職の設置」……、つまり学校における組織運営体制や指導体制の確立を図るため、副校長、主幹教論、指導教論という職をおくことに法的根拠を与えたところに注目した。これは08年4月1日の新学期から、すでに施行されているのだ。

なかには反対の人もいると思う。教師の間に差をつけるのか、ヒエラルキー（ピラミッド型の社会的組織・階層制）を作るのか、学校内の和が乱れる、などの論法で。しかし、今回の改正の本質は、そういった学校の内側の論理で議論されるべき問題ではなく、むしろ外部に対する責任体制をきちんとするためにさまざまな職を置いて、それぞれが職務を果たすことで学校という組織の能率を上げ、教育のレベルを上げることに主眼をおいた改正だと理解できる。

たとえば、学校に何か問題があって、担任の先生に保護者が文句をいいにきたとする。組織的に担任教師の上には校長しかいないのであれば、担任で解決できない問題はすべて校長ひとりが対処しなければならなくなる。そこにさまざまな職、立場の人間がいれば、これは校長が対処するレベルの問題だが、この問題は副校長が対処するのがふさわしいとか、これは主幹教諭、これは指導教諭と、問題の質やレベルによって対処する人間を振り分けることができ、仕事の能率が上がり、学校の運営も効率化するだろう。

苦情をいってくる人だって、問題に対処できるのが校長だけだとなれば、身はひとつなのだから、忙しいから1週間後にしましょう、ということにもなって、すぐに話を聞いてもらえない。あるいは限られた時間で話を十分聞いてもらえなかったり、十分な説明をしてもらえなかったりすることもあるわけだから、対外的にも副校長など新しい職の設置は歓迎すべきことだと思う。

「校務分掌」の明確化で運営を効率化し、教育のレベルアップを！

そもそも73年まで、学校には法制上校長と教員しかいなかった。74年に校長の補佐役として、教頭という職が法制化された。それまで教頭は法律で定められた正規の職ではなく、教頭の職務の解釈も、それぞれの学校によって微妙に違っていた。それを法律で正式に職として定め、その職務も校長の補佐役と定めたわけだ。

新たに法制化された副校長も、これまで置いていた学校はたくさんあり、それを法的にきちんと位置づけたのが今回の法改正である。新しい学校教育法では、副校長は校長から命を受けた範囲で校務の一部を自らの権限で処理することができるとされ、教頭は校長を助けることの一環として校務を整理すると、それぞれの職務を定めている。また副校長と教頭をあわせておく学校においては、教頭は、校長及び副校長を補佐する立場となる。

もともと多くの学校ではさまざまな職をおいてそれぞれの役割を果たすことで校務を分担してきた。校長や副校長、教頭もそうだし、バレーボール部顧問などというのもそのひとつ。今回の法改正ではそういった「校務分掌」の主要部分を法制化し、校務推進、学校運営を効率化して、最終的には教育のレベルを上げることを目的としているのだ。教育の現場にいる人間が考えるべきは、効率化が進んで、たとえば無駄な会議が減って時間の余裕が増えたというときに、それをどう教育のレベルアップにつなげるかを工夫し、努力することだと思う。

かつて校長は、学校という職場におけるヒエラルキーの頂点、いわば「人生すごろくの上がり」のような存在であった。明らかに校長に向いていない、学校を運営するのに向いていない人でも、家族や親戚の手前、教員になったからには校長になっておかないとみっともないとか、周りから彼は校長にもなれないのか、などといわれたくないために、自分自身ですら疑問を抱きながら校長になってしまう人もいた。これは本当に不幸な話。昔は上に向かう一方通行だったが、今は、校長をやっていた人が、辞める前にもう一度学級担任をしてみたいという希望を叶えることも可能になっている。要は21世紀の学校では、校長になるのはヒエラルキーの頂点をきわめることではなくて、「校務分掌」のひとつなのだという認識をみんなが共有することが大切なのである。

学校評価と情報公開で学校運営の向上に期待

学校教育法改正についてはもうひとつ、「学校評価と情報提供に関する規定の整備」についても評価したいと思う。東京のある大学を訪ねたときに見聞したことだが、この頃の大学生はとにかくよく勉強する、大学はレジャーランドだというのはもう昔語りだというので、理由を尋ねたら、文部科学省のおかげだというのだ。文科省が、大学はきちんと自己評価しろ、また教授は自分の研究ばかりしていないで学生にきちんと教育し、学生側からもきちんと評価するように指導した結果として、大学は見違えるようによくなったそうである。これについては、大学の先生方の間からはまだ不満も多いようだが、学生に効果をもたらすものであるなら、最初から拒否せずに取り組んでみてはどうだろうか。

今回の改正では、小・中・高等学校についても教育活動その他の運営状況についての評価を行うことを求め、その評価結果に基づき、保護者や地域住民と連携協力しながら学校運営の改善のために必要な措置を講じ、教育水準の向上に努めることが規定された。評価については教職員による自己評価と、保護者や地域住民などの学校関係者によるもの、いわば外部による評価の両方を行うことになり、評価項目や指標については各校の実情にあわせて、実施や公表のあり方については省令で定めることになっている。

地方分権を脅かしかねない地教行法改正

地教行法については、教育の地方分権というこれまでの流れに逆行する懸念を抱かせる改正となった。一方で「教育行政における地方分権の推進」を謳ってはいるが、「教育における国の責任の果たし方」として、地方における教育行政の中心的な担い手である教育委員会が、十分にその責任を果たせない場合に、文部科学大臣が是正・改善の「指示」、あるいは地方自治法の「是正の要求」を行うことができるという規定が盛り込まれている。

つまり、はっきりと地方分権を否定しているわけではないけれど、少なくとも今までの地方分権の流れからすれば、中央の力を強めたということ。地方の教育委員会に対して、文部科学省が関与できる範囲を少し広げた。昔ならもっと口を出してもいいわけだが、それを地方分権で狭めてきたのを、ちょっと元に戻す感じになったのだ。

私も地方分権には賛成だ。しかし、今の地方の教育委員会にそれだけの力がないというのも確かな現実である。教員採用試験の汚職事件でその醜態を暴露された大分県教育委員会の義務教育課の組織や仕事のあり方をみれば、地方教委に力がないと決めつけるのは早計だとしても、とても全面的に信用できるレベルではない。地方の教育委員会のなかでも、市町村教委の模範となるべき県教委がこの体たらくでは「相互信頼」を前提に地方分権をこれ以上推進していくことにも「再考」を要することになりかねない。

しかしそこで、今は力がないから地方分権をやるなという考え方もあるが、今は力がないからこそ地方分権をやるのだという考え方もある。これは02年の学習指導要領を導入したときも、まったく同じであった。教師にその力はあるのか、その力がないのにうまく実行できるのかとさんざんいわれたものである。では教師にその力がつくまで待っていたらいいのか？　それでは、いつまでたっても解決できない。新しい教育制度を導入することで教師の成長が加速するという効果もあるわけだ。

同じように、地方の教育委員会も地方分権になって、自分たちにこんな権限が与えられたのだから努力しなければならない、頑張らなければならないというふうになってほしかった。にもかかわらず現実にはなかなかそうはいかないために、待ちきれず、こういう地方分権に逆行するような規定が盛り込まれたという側面もあると思う。

この規定に関しては、実際の運用のやり方が重要だ。文部科学大臣の関与は「必要最小限」とされているが、文科省の解釈次第で介入しようと思えばできるわけで、大臣がむやみに指示や要求を出すようでは、地方分権は踏みにじられてしまう。教育委員会側は文科省に介入させる隙を作らないことと、行き過ぎた介入に対して、それはおかしいといえるように、油断せずに監視を続けていくことが大切なのだろう。

文科省が介入しようとし、教育委員会がそれを拒もうとしているときに、どちらが正しいかはその地域の住民が判断することだ。つまり住民が「公人」としての意識をもってきちんと考え、行動しなければ、一人ひとりが自分たちの住む地域のことを一生懸命考えなければ、地方分権をきちんと守ることはできない。

なお現実には、この法改正が行われた後も、国の過度な介入が行われた様子はない。07年から実施された全国一斉学力テストに、全国でただひとつ不参加を表明した愛知県の犬山市教育委員会に対しても、文科省からは何の強制も圧迫もなく、むしろ別の新しい取り組みを援助してもらっているくらいだという。

深刻な士気低下が懸念される教員免許10年更新制度

教育職員免許法及び教育公務員特例法の改正については、2－1で触れたように、これまで一度取得すれば更新する必要がなかった教員免許に10年間の有効期間が定められ、更新するために10年ごとに30時間以上の講習が義務づけられた。

確かに「学校不信」の状況を生んだ責任の一端は教師たちにあるのだが、彼ら自身の努力もあって深刻な学校不信がようやく払拭され、学校・家庭・地域の「相互信頼」が築かれるきざしが見えてきたこの時代に水をさすような改正は、とても残念に思う。どこの世界に、きちんと手続きを踏んで得た職業資格を10年ごとに疑われる職種があるだろうか。教員免許を運転免許と一緒にする神経を疑う。

私が最も懸念するのは、現場の教師の士気、モラルを下げてしまうことだ。それを避けるためにも、まずこれがフェアに運用されなければならないことは当然の前提で、運用が適正を欠けば士気、モラルの低下は避けられないだろう。

フェアに運用されたとしても、士気、モラルの低下を食い止めるには相当なエネルギーが必要とされるはずだ。まずは保護者や地域住民の人たちに、教師たちを信頼していただいて、「あなたたちを信頼している」というメッセージを出してほしい。そして行政には、教師という仕事に夢やロマンをもてるような政策、教師たちを元気づける政策を期待したい。それを怠ると、教師たちは本当にやる気を失って、教育レベルはたちまち低下してしまう。教育レベルが低下すれば、保護者たちの学校不信が再燃し、教師たちはますますやる気を失うという悪循環が待っていることになる。

2-5 中央教育審議会の答申が意味するもの

2008年1月17日、中教審が、学習指導要領等の改善についての答申を行った。これは98年に告示され、02年から実施された学習指導要領の改善を目指したもの。ここにいたるまでの経緯を簡単に振り返ってみると、「詰め込み教育」への反省に立って、明治以来増え続けてきた学習内容の削減に舵を切ったのが77年のこと。92年から段階的に学校週5日制が導入されるなど、学習時間、学習する知識量などは減ったけれど、教え方は相変わらず画一的であり続け、子どもたちが一律平等に身につけるべき知識はたしかにあるが、それを学ぶ時間は最小限とし、そこから先は子どもたち一人ひとりの適性や興味、関心に応じて、その能力を伸ばしていく。それが「教育の個別化」であり、学習する側の論理に立った学校教育の実現を目指したのが02年の学習指導要領であった。

ところが、00年頃からしきりに学習内容・時間の削減が子どもたちの学力低下を招いたという批判の声が高まり、私にいわせれば、02年以前の「画一的教育」と以後の「個別的教育」はまったく違うものなのに、どちらもひっくるめて「ゆとり教育」が学力低下の元凶だといわれるようになったのである。そして「学習内容の30パーセント削減」やいわゆる「円周率は3」との誤解を生んだ小数の計算などの内容を含む02年の学習指導要領が、批判の的となったのだ。

「ゆとり教育」見直しを掲げながら、学習指導要領の理念を踏襲

批判の高まりに行政も対応を迫られ、03年12月に文部科学省は、学習指導要領はすべての子どもたちに対して指導すべき内容を示したもの、すなわち「最低基準」であり、各学校は、子どもたちの実態に応じ、学習指導要領が示していない内容を加えて指導することができるという見解を示すと共に、一部の改正が行われた。

そして、05年1月、当時の小泉内閣の中山成彬文部科学大臣が、総合学習の時間を削減して教科学習の時間を増やすなど、「ゆとり教育」の見直しについて中教審に要請。これが今回の答申につながるのだ。

その後、06年12月の教育基本法改正、07年6月の教育関連三法、とくに学校教育法の改正を踏まえ、有識者や関連団体のヒアリングなどを経てとりまとめられたのが今回の答申である。「〝脱〟ゆとり教育」「ゆとり教育の見直し」などというスローガンで語られることの多い今回の答申。実際に内容を検討すると、いわゆる「ゆとり教育」が目指す「個別的教育」への流れを覆して、かつての「画一的教育」への回帰を指向するものでは決してない。まず冒頭で「現行学習指導要領の理念の重要性」が再確認され、「『生きる力』の育成」や「一人ひとりの子どもたちに対応していく教育」や「地方分権」が大事だという内容になっている。

「授業時間増」が最大の矛盾点

ただひとつだけ、今回の答申の一番の弱点というか矛盾点を指摘するとすれば、「確かな学力を確立するために必要な授業時数の確保」の項目だ。

答申では、21世紀のいわゆる「知識基盤社会」における「学力」とは、02年学習指導要領でいうところの「生きる力」であり、OECDが提唱した「キーコンピテンシー（主要能力）」であると定義し、その重要な要素は、①基礎的・基本的な知識・技能、②知識・技能を活用して課題を解決するために必要な思考力・判断力・表現力、③学習意欲、であるとしている。

単純化していえば、①が「TIMSS的学力」、②が「PISA的学力」で、「生きる力」も「キーコンピテンシー」も「PISA的学力」であり、「PISA的学力」を伸ばすべきだというのは、現在ほぼ社会的なコンセンサスとなっている。同時に答申では、①の知識・技能は、陳腐化しないように常に更新する必要があるとしている。

であるとすれば、①の知識・技能の習得に充てる時間は本当に基礎的・基本的なものを学ぶための必要最小限にとどめ、②の思考力・判断力・表現力を高める時間に振り向ける、という結論になるのが論理的であるはずなのに、答申では、02年の学習指導要領の小・中学校の必修教科の授業時間数は十分でなく、「総合学習」や中学校の選択科目の時間数は「再考せよ」としている。

「総合学習」は「PISA的学力」を伸ばすトレーニング

もちろん、教科の授業で学ぶのが①で、「総合学習」の授業で学ぶのが②、というほど単純なものではない。教科で①も②も十分学べるよう授業時間数を増やせと答申でもいっており、私も将来的にはそれが理想だと思うが、そもそも教科の授業は、国語は国語、数学は数学と、ずっと縦割りでやってきたので、②の学力を伸ばすのは難しい。だから「総合学習」を導入したという経緯があるわけだ。

ＰＩＳＡが求めている「読解力」「数学的リテラシー」「科学的リテラシー」というのも、それだけ聞けば国語、数学、理科の授業で学べるものかと思われるかもしれないが、そうではないのだ。たとえばＰＩＳＡのいう「読解力」とは、相手の考えを理解したり、自分の感じていることを伝えたりする能力のことで、言語はひとつの手段に過ぎず、身ぶり手ぶりや絵を描いたり音楽を使ったり、あらゆるツールを使う力が問われる。そうすると、国語の授業だけでなく、「総合学習」のトレーニングがもっとも有効なのである。同じように「数学的リテラシー」「科学的リテラシー」を身につけるには、数学と理科の授業時間を増やせばよいというものではなくて、やはり総合的な発想で力を伸ばしていくのが合理的なのである。

今回の答申では、「学校の実態等を踏まえ」という但し書をつけながら、「年間授業時間数を増加する必要がある」といっている。授業時間数を増やせば、当然のことながら子どもたちが家族と過ごす時間や友だちと遊ぶ時間、自然のなかで体験を積む時間などが減るというデメリットが生じる。そのうえ、「総合学習」の授業時間数を減らしながら、「生きる力」、「PISA的な学力」を伸ばせというところに、最大の矛盾があるのである。

2-6 新しい「学習指導要領」はこう変わる

2008年3月28日、前項の中教審答申を踏まえた新しい学習指導要領が公布された。幼稚園は09年度から、小学校は11年度から、中学校は12年度から全面実施されるが、理数教育については09年度から前倒しして実施、となっているのが注目される。

77年以来ほぼ30年ぶりに学習内容、授業時間の増加に転じた新学習指導要領であるが、なかでも目立つのが理数教育の指導内容の増加。具体的には、たとえば数学では二次方程式の公式、理科ではイオン、遺伝、進化などが高校から中学校に移行される。

背景にあるのは子どもたちの「理数系離れ」、とくに「理科離れ」への危惧。資源の少ない日本が繁栄するには科学技術立国でいくしかない。科学技術の基礎となる理科の知識を子どもたちが身につけなければ、日本の国力低下はまぬがれないという危機感だ。主に製造業を中心とする産業界にその危機意識が高いわけだが、私はこの意見にはいくつかの点で賛同できかねる点がある。

子どもたちの「理科離れ」は、本当なのか

まず本当に子どもたちは「理科離れ」しているのか。たとえば、かつて工業高校には、普通高校に行きたいが偏差値が足りない子どもが心ならずも進学するというケースがあったが、偏差値による輪切りをやめて以来、自ら「ものづくりがしたい」という意思をもった子どもたちが通うようになり、彼らの学習意欲は驚くほど高まっている。「ゆとり教育」で、理科が好きな子どもが理科を重点的に学べる環境ができ、それが専門高等学校教育にまで波及しているのだ。一方で受験的な知識ばかりを詰め込む「受験理科」や「教科書理科」に子どもたちが興味を失ったことを「理科離れ」というのなら、むしろ歓迎すべきことかもしれない。

かつて高度経済成長を支え、日本を豊かにしたのは理科の知識を基礎とする科学技術であった、ということはできるだろう。しかし、国際的に見れば国民の生活レベルが高水準に達し、成熟社

会を迎えている今の日本が、これ以上科学技術で世界と競争し、優位に立ち続けなければならないのだろうか。

また近年技術者不足に悩み、「ものづくりの危機」を言い立てている製造業は、バブル期以降、国内の人件費が高いことを理由に生産拠点を次々と海外に移転し、人材育成を怠ってきたわけだから、その意味で産業界の教育的責任こそ問われるべきではないだろうか。

「理科」の知識増だけでは解決できない21世紀的課題

国と地方自治体あわせてなんと800兆円超の借金を抱えるなかで、国の文化事業予算は年間1000億円程度に過ぎないのに対し、科学技術分野に投じられる国家予算は年間4兆5000億円。今も昔も日本の国家政策は科学技術分野偏重なのであり、勘繰れば、科学技術分野に従事する人たちは、この膨大な既得権益を失わないために、「理科離れ」をことさら言い立てているのかもしれない。

第1章の冒頭で述べたように、G8サミットで浮き彫りにされた新興国8ヵ国を加えた世界16ヵ国に共通認識としてもった地球温暖化をはじめ、数々の大テーマを2050年に向けて取り組んでいくためにも、「科学技術」は必須・不可欠の分野であることを疑う余地はない。

たとえば、地球環境問題を考えるなら、理科の知識は欠かせない。しかし、いざ環境問題に取り組もうというときには、理科の知識ももちろん重要だが、それだけで解決できるものではない。

政治・経済・文化などあらゆる分野の知識を統合して理解し、思考し、判断し、行動することが大事である。グローバル化、複雑化する社会にあって、今日、文系・理系の区分はあまり意味をもたなくなってきた。だから「ゆとり教育」で設けた「総合学習」の時間で「考える力」を養うことが、ますます重要性を増してくるのだ。

「修身教育」が子どもたちのモラルを育てたのではない

新しい学習指導要領の改訂で最もまずいと思うのは「道徳教育の充実」である。

戦前の子どもたちはお年寄りを大切にした、親孝行だった、社会にモラルがあった、それは修身教育があったからだというのが、道徳教育をやるべきだという人たちの論法。しかし、それは順番が逆なのではないか。社会にモラルがあったから、「お年寄りを大切にしよう」「親孝行しよう」というモラルがあったから、子どもたちもそれを学んだのだ。

文部科学省に在籍当時はいえなかったのでこの際はっきりいわせてもらうなら、戦前、修身教育で意味があったとすれば、「天皇陛下のために死ね」「国のために自分を犠牲にしろ」というようなことを子どもたちに教え込むことに成功した、ということである。子どもたちに、「国のために死ね」などという親はいない。個人より国家が大事だと教える人も、地域社会にはいない。だから国が教え込んだ。それが修身教育の本質であった。その本質が〝本質〟ではなくなった21世紀の今日、発想の転換を図らなければならないことをまず認識しなければならない。

改革の流れを阻害する「道徳教育の充実」

今、「道徳教育の充実」をいう人たちの半分の本音はこれだ。国家のために個人を犠牲にしろと教えたい人たち、たとえば自民党のいわゆるタカ派の人たち。もう半分は、社会がモラルを失っている、家庭も地域社会も子どもたちにモラルを教えることができないのだから、学校がやるべきだという人たち。それだけ聞けば正論のように思えるが、今、教育の流れは、「学校週5日制」にして、家庭や地域社会の教育力を再生していこうとしている。しかも、「完全学校週5日制」になったのは02年からと、まだ端緒についたばかり。学校も家庭も地域社会も力をあわせて同じ方向を目指して頑張ろうというときに、学校にすべてを押しつけた形での「道徳教育の充実」はその流れに逆行する。

2-7　実を結んでいる「総合学習」的学習方法

現在私が教鞭をとっている京都造形芸術大学は、同じ京都・北白川地区にある市立北白川小学校と「小・大連携」を組み、子どもたちのコミュニケーション能力育成の観点から図工の授業の充実を図るなど、さまざまな協力活動に取り組んでいる。

2007年11月、この北白川小の「発表会」を見る機会があり、02年学習指導要領以降の教育の成果、「総合学習」的な学習方法が手法として実を結んでいることを、身近に実感することができた。

私が訪れた当日は、1・2年生は「生活科」、3・4年生は「理科」、5・6年生は「社会科」の発表であった。たとえば、3年生の「理科」が「豆電球に明かりをつけよう」、5年生の「社会科」が「放送局の働き」というようなテーマで、それぞれの授業内容は、「理科」なら「理科」、「社会科」なら「社会科」という単独の教科のなかに収まるものではなく、きわめて「総合学習」的な進め方が不可欠であった。

やがて「総合学習」は使命を終える……か？

今回の学習指導要領改訂で、「総合学習」の授業時間は週3時間から週2時間に減ることになったが、改訂に当たって文部科学省は、「生きる力」を育むために「総合学習」の授業で身につけてきた体験的な学習や課題解決的な学力は今後もますます重要であり、「総合学習」の時間が減少した分は、「教科」のなかで教えるように指導している。

私は「総合学習」の授業時間はできるだけ早くゼロになるべきだと考えてきた。「総合学習」の目的は、子どもたちの「生きる力」を育む手段であり、「総合学習」の授業をすることそのものが最終目的ではない。

いきなり「生きる力」を育めといわれても、教える側が「理科」なら「理科」、「社会科」なら「社会科」といった各教科縦割りの発想にとらわれているかぎり難しい。そこで「総合学習」の授業を設けることで発想の転換を促し、最終的には各教科で必要に応じて教科の枠にとらわれることなく、新しい発想に立った授業ができるようになることが理想なのだ。

いわば「総合学習」は発想のトレーニングのために導入されたものであり、「総合学習」の授業がある限り、そのカリキュラムは不完全であるということもできるわけだ。今回の改訂で「総合学習」の授業時間を削減するのはいささか拙速に過ぎると思うけれど、02年の学習指導要領が正しく理解・実践されるなら、「総合学習」の授業はやがてその使命を終え、各教科の授業のなかに吸収されていくことだろう。だとすれば、「総合学習」の授業時間が週3時間から2時間になっても、教師の力量にもよるがそれほどネガティブに考えることではない。私は遠からぬ将来、次回かその次の改訂あたりでなくなるべきだと考えている。たとえば北白川小にはもう「総合学習」の授業は必要ないかもしれない。

2-8「総合学習」の実践例に見る広がりと深み

「ものづくり」の典型、楽しい「映像づくり」

ここで「総合学習」の実践例をご紹介しよう。

「総合的な学習の時間」、略して「総合学習」が小・中・高等学校の学習指導要領に導入されたのは2002年の4月。あれから7年の間に、各学年にすっかり浸透し、子どもたちの「生きる力」を育むうえで教科の国語や社会、家庭科ともうまく連動して、「ゆとり教育」の代名詞のような重みで捉えられ、スタート当時「教科書のない授業」としてなかなか馴染めなかった教師たちも、自由な発想で指導案を考え、取り組んでいることは前述したとおり。

「総合学習」の時間の使われ方は、学校環境や学年によって千差万別、地域の歴史探訪、自然体験、環境浄化、ボランティア活動、町おこし・村おこし、英会話、食育、ものづくりなど、ジャンルは数え切れないほど。なかでも「ものづくり」の典型的な実践例のひとつがビデオによる「映像づくり」だ。5~8人の児童・生徒がひと組になり、企画から撮影、編集作業まで手分けして取り組む。アイデアを出し合い、協力して仕上げていくプロセスで、自分の役割をきちんと果たすために、視野を広げ、積極的に自分を磨くことを心がける……、一般の授業ではなかなか体験できない学習である。日々家庭で見ているテレビ映像を模倣して、自分たちの手で作っていく学習は、これほど楽しく面白いことはない。「生きる力」が自然に育まれていくことにもなるからだ。

横浜市磯子区の市立滝頭《たきがしら》小学校5・6年生の映像づくりは、地域のあらゆる団体・グループ、たとえば滝頭小だけでなく、おやじの会、PTA、商店街、自治会、地域経済の元気作りの支援拠点「夢たま」など、地域の活動団体と連携しながら作品を次々に制作、発表し、「滝頭の元気」を発見・共有・発信することで、地域コミュニティの交流やつながり、ふれあいや広がりをつくり出しているのだ。

目的は滝頭地域での学校を中心としたさまざまな活動、イベントなどを記録として残し、PR

すること。成果として、07年度には新たな取り組みとして「滝頭ビデオフェスティバル」を盛り上げる原動力となり、地域の活性化に大いに貢献したのである。

フェスティバルのテーマ、キャッチフレーズは「滝頭の元気を発見しよう！」だ。これには自治体の横浜市経済観光局の地域経済元気づくり事業本部や区制80周年記念事業と位置づけた磯子区役所まで参画。撮影・編集などの技術指導は、日本ビクター株式会社がサポートした。作品は商店街紹介、町の安全・安心、滝頭の歴史、小学校紹介など。応募数はなんと秋36本、春17本、合計53本。小・中学校の「総合学習」でのビデオづくりが、学校を中心に地域全体が参加しての画期的なビデオ映像祭として大きな話題を呼んだのだ。

ビデオフェスティバルといえば、もう30年も続いているＴＶＦ「東京ビデオフェスティバル」が有名だ。プロ・アマの区分や演出・撮影の技術の優劣だけで競うコンクールではなく、市民、つまり「個」の視点による自己表現と、作品を通じたコミュニケーションの広がりを探求した「国際的な市民ビデオ映像祭」である。

記念すべき第30回東京ビデオフェスティバル（ＴＶＦ２００８）は、世界53の国と地域から２０１０本（国内７５０・海外１２６０）、最年少9歳から最年長91歳までの幅広い層の方々から多彩な作品の応募があった。

近年、小・中・高等学校の放送部活動や「総合学習」を活かした個の視点からの社会への参画、ビデオをメディアとして使いこなす能力の向上、メディアリテラシー教育の普及などを反映、とくにキーワードは「協調」「責任」「コミュニケーション」「主観と客観」「生活・社会・地域」を捉えようという傾向が強く、言い換えれば「総合学習」における子どもたちの「生きる力」を育む理念に通じるテーマが少なくない。「TVF2008」の応募数の国内750点のうち、中学校15点、高校23点。全体から見ると多いとはいえないが、「総合学習」の観点からも「質」の高いものが多く、中学校からの応募作品は、ほぼすべてが入賞を果たしているというから驚きだ。

TVF30周年記念の市民ビデオフォーラムは、08年8月2日、横浜情報文化センターで開催され、「総合学習と映像づくりのすすめ方」と題する、特別講演の講師を務める機会を得た。「総合学習」担当の教師ら約200人を対象に、映像づくりをとおして、子どもたちの個性を引き出し、考える力・解決する力を育むためにどうしたらよいか。21世紀的生き抜く力を子どもたちに身につけてもらうためにも、学習に果たす映像の役割について話し合った。

2-9 学習指導要領改訂の最大の問題点は?

さて、繰り返しになるが、新しい学習指導要領改訂の最大の問題点は「総合学習」の時間が週1時間減ったというようなことではなく、全体的な授業時間数と学習内容が増加したことである。

授業時間数の増加については、単純にいえば子どもたちが授業以外の場で何かを学ぶ機会を減少させるという弊害があり、学習内容の増加については、より明確で深刻な弊害をもたらす恐れがある。

学習指導要領が指示する内容は「最低基準」と定められているわけだから、これに達しない子どもたちはすなわち「落ちこぼれ」となりかねない。修得すべき内容の最低ラインが引き上げられれば、その分だけ「落ちこぼれ」が増える理屈だ。

「落ちこぼれ」を救うには、習熟度別授業を徹底するしかない

それまでの学習内容を30パーセント削減した2002年の学習指導要領改訂のひとつの狙いは「落ちこぼれ」をなくすことであった。

前述したように、かつて渋谷のセンター街やコンビニの前あたりに「落ちこぼれ」が吹き溜まっている光景は当たり前であった。その状況が目に見えて改善されたのは、02年の学習指導要領導入のひとつの成果だ。

それを学力低下批判の声に押されて学習内容増に反転すれば、「落ちこぼれ」がふたたび増える結果になるのは明白である。「落ちこぼれ」を救うには、習熟度別授業をより一層徹底するしかないといえる。学習意欲もあり、学習方法も身につけている「中の上以上のレベル」の子どもたちは自由に勉強させればよいのである。

一方で、「落ちこぼれ」ないしそれに近いレベルの子どもたちは、教師が一人ひとりの子どもの様子をよく見て、一人ひとりに何が最善かを考え、実行することだ。大変な負担になるが、そ

れこそ教師本来の仕事である。

教育三法改正で、教員免許更新制、学校における組織運営・指導体制充実のための新たな職の設置、学校評価などが導入された。一人ひとりの子どもに、何をどう教えれば学力を上げることができるかを考え、それを実行できない教師は、教育の現場では通用しない、というほどの厳しい覚悟が必要ではないだろうか。

もちろんそれは、「能力なき教師は去れ！」式の切り捨ての論理ではなく、教師一人ひとりが同僚と共に自らのできる範囲で、精一杯頑張ってみようという形で実行されるべきものであることは、いうまでもない。

子どもたちに、オーダーメイドの教育を！

87年の臨教審答申が、明治以来の日本の「画一・平等教育」に転換を迫り、02年の学習指導要領で教育の個別化が本格的に始動した。

今日求められているのはオーダーメイドの教育なのだ。私立学校に人気がある理由も、根本的にはそこに行き着く。

学習指導要領は所詮は既製服。公立学校でも、たとえば習熟度別授業などでオーダーメイドの教育を行うことができる。最終的には学習指導要領などに縛られずに、目の前の子どもの「生きる力」を育むことが、教育の理想なのである。

たとえば、京都市や愛知県犬山市など一部自治体では、当該地域のおかれた環境にあわせて、文部科学省を頂点とする教育体制を離れた独自の教育に取り組んでいる。そのような地域では、学習指導要領改訂などあまり大きな意味がない。

高校は都道府県が責任をもってやっていき、小・中学校は市町村が責任をもってやっていく、そういうふうに地方分権が徹底した暁には、学習指導要領は不要になり、ひいては初等中等教育において文科省が不要になる日が来ないとは限らないのである。

第3章　子どもを支えるための家庭の教育力

近年、家庭の教育力が低下したといわれて久しい。少子高齢化、核家族化、女性の社会進出等々で、よし悪しは別として「男は仕事・女は家庭」という構図そのものが失われ、家庭そのものが崩壊状態に陥り、少なくとも母親が家庭を守り、子どもの「子育て」に専念できていたという古い時代は、もはやその影もない現状だ。一般企業も行政もほとんど週5日制になり、その点、母親に代わって父親が子育てを担当する家庭が増えてきたといっても、男女共同参画社会による新しい家庭像を築くことができたとはいえない。全体から見れば「男女共同参画社会」はまだ未完の領域だ。

そこでどうしても、学校と家庭や地域の連携による育児・子育てが不可欠の条件になってきた。本章では「子どもを取り巻く状況を知ろう」「モンスターペアレントといわせないために」「子どもを愛する気持ちが伝えきれていない」「子どものストレスと大人のストレス」「勉強嫌いにさせていないか」「大人が変われば子どもも変わる」などで構成している。

3−1　学校と家庭や地域の連携……そして補完

それでは、保護者・親は自分の子どもや子どもが通っている学校と、どのように向き合っていけばいいのだろうか。学校と家庭と地域、この三者が連携し、互いに補完しながら、子どもの教育に当たっていくのが理想なわけだが、果たして、家庭や地域の教育力は今、どうなっているのだろうか。

親が子どもを恐れすぎていないか？

昨今、家庭の教育力が低下しているといわれている。しかし、私はそうは思わない。むしろ向上していると思っている。ただ問題は、親が自分の教育方針に自信がなく、子どもにきちんとモノがいえないこと。親が子どもを恐れすぎているのではないか。

子どもが間違ったことをしたとき、学校では平気で、「廊下で立っていなさい」といえるのに、親はなかなかいえない。体罰の問題もそうだ。本当に子どものことを思うなら時に叩くことがあってもいい。ところが、そんなことをしたら子どもがグレてしまうのではないかと怯えている。冷静に考えれば、親子がその程度で崩れてしまうような人間関係であるはずがないのに、だ。

携帯電話をもたせるべきかどうか、塾に通わせるべきかどうか、「私はこうだからいい」「こうだから通わせない」という意見をもてずに、「自分としてはいいと思うのだけど、周りがみんなそうだからしょうがない」などと曖昧なことをいっていないか。どの保護者も真面目に一生懸命自分の子どものことを考えているのに、これはいったいどうしてだろうか。

親たちに、日本の教育の仕組みがどうなっているか、学校で何を教えているかを知ってもらうことに、解決の糸口があると私は考えている。子どもを取り巻く状況を知らなければ、親は何をどうしていいか分からない。自信のなさはこのあたりにも原因があるのだろうか。

学校で何をやっているかが分かれば、それ以外のところは家庭と地域が受け持つことができる。そうやって、ひとりの子どもを多面的に育てていくことができるのだ。

まず教師の側から情報公開を！

もちろん、学校も、家庭や地域のことをもっと知るべきである。これまで、家庭と地域と学校は情報を共有しようという意識をもたずバラバラに活動していた。それを改善していくところに何かヒントがありそうだ。相互で情報を共有し協調しようという意識が希薄のままでは、それぞれが孤立してしまうだけである。

学校の教師は、「親はすぐに教育委員会に駆け込む」と、保護者に不信感をもっている。保護者の側も、「教師が信頼できない」「あの教師は当たりだ、外れだ」といっているばかりでは、前へ進まない。いい教師になってもらいたいなら、思い切って歩み寄ってはいかがだろうか。

教師の側も教師という立場にあぐらをかかずに、「こういうことは学校でできるが、こういうことはできない」とはっきりいったほうがいい。それを、「教師はオールマイティ」というふうに振る舞うからかえって信頼を損ねてしまっている。「私は家庭のしつけのようなことはできないが、『九九』はちゃんとできるようにします」といってそのとおりに実行すれば、だんだんと信頼を取り戻すことができる。そして、みんなが信頼するようになれば、教師の質は必ずよくなっていくはずである。

やはりまず教師のほうから、自分たちの考え方と、できることとできないことをいうべきである。情報を隠さず公開するのは、たしかに勇気の要ることだ。しかし、ひとたび公開してしまえば何と楽なことだろう。私が以前在職していた役所（文部科学省）の世界は、情報公開が学校よりもはるかに進んでいるが、あるがままにオープンにすることは、精神的にも物理的にもむしろ楽であった。そうやって学校と家庭の信頼関係を築くことができれば、親が子どもを前にして自信を失うことも減っていくのではないだろうか。

高度経済成長、核家族化が家庭の教育力を衰退させた

明治の初めに今の学校制度が導入される以前、子どもは主に家庭と地域で育てられていた。そこに突然学校ができたので、それこそ家庭と学校の役割をどう分けるかなどということを考える余裕がなかった。明治の終わりごろには、小学校の就学率は１００パーセント近くになり、それ

から90年の歳月が流れた。

子どもたちが学校に行くのが当たり前になってくると、最初は家庭と地域にできないことを学校が受け持つという考え方だったのが、だんだん安易に何でも学校に任せてしまう風潮になっていった。「子どものことは学校がすべてやってくれる」という考え方だ。その背景には日本の高度経済成長があり、経済至上主義が人々の価値観を変え、さらに核家族化も進行した。その頃から家庭の教育力が衰退し始めたのである。

日本の世帯全体に占めるサラリーマン世帯の割合は、昭和10年代は10パーセント程度がサラリーマンで、それ以外は農業、漁業、小売業、職人といった自営業であった。サラリーマン世帯の割合は昭和30年代で30パーセント、40年代で40パーセントとほぼ昭和の年代どおりに増えて、平成の今は70パーセントに達している、といわれる。この数十年で社会構造がガラッと大きく変化したのだ。

サラリーマンは自営業と比べると、自分で自分の時間を自由に使えないことが多いから、会社で決められた就業時間の間はどうしても家庭と切り離されてしまう。自営業の場合は、今日は子どもの運動会があるからちょっと行こうかというように、サラリーマンに比べて時間に融通をきかせてわが子の姿を見ることも可能だ。

また、自営業は一箇所に定住する傾向が強く大家族になりがちだが、サラリーマンは転勤があるため、移動しやすい核家族のほうが便利である。そうやって、ますます親は子どもの教育に携わる時間や余裕を失ってきた。

「子ども部屋」がもたらした弊害

核家族化は生活スタイルの変容も招いた。生活が洋風になり、「子ども部屋」が作られるようになった。この子ども部屋というのがくせ者で、そのうちテレビが入り、テレビゲームが入り、完全な密室になってしまった。さらに、今は大概の子どもが携帯電話までもっている。親から見えない子どもだけの世界が確立されてしまったのだ。

子ども部屋があることが一般的になってきたあたりから、いろいろな問題が出てくるようになった。私はこの背景に〝お金優先主義〟を感じる。子どもの相手をするのは面倒だ。子ども部屋を作っておけば、テレビゲームや携帯電話を与えておけば、子どもは勝手に勉強しておとなしくしているだろう。自分が煩わされることはないだろう。そういった、子どもと相対することの面倒さ

を回避しようとしているように見えるのだ。

子どもは他の子どもがもっているものを欲しがる傾向がある。そういう気持ちをもつのは当然であるが、しかし、「よそはよそ、うちはうち」と踏みとどまり、子どもとの問題をお金の力で逃げてしまってはならない。そういう強さ、自信がやはり親には必要である。

自分に自信がない親が、子育てに自信をもてるはずがない

親たちは子育てに自信がない以前に、実は自分に自信がないのではないだろうか。

私はそこにも学歴社会の弊害を感じる。昔の親は小学校しか出ていなくても、確固としたものをもっていた。農業なら自分が作った米や野菜、漁業なら釣り上げた魚というふうに、実際に子どもに見せて誇れるものがあった。

最近の親は昔に比べて高学歴だけれど、「お母さん、うちのお父さんはどんなことをしているの?」と聞かれても、お母さんも何と答えていいか分からない。「○○大学出」と答えてもしかたがないだろう。サラリーマンの仕事の内容は、子どもにとっては分かりづらい。お父さんも自分の仕事に自信がもてない人も少なくないから、子どもにストレートに説明できない。いくら学歴が高くても本人の自信につながっていないのだ。

親が自分自身に自信がないのだから、子どもに正面から向き合えるはずがない。そうなると子どもも親を誇りに思えない。そういった悪循環は、親が子育てに自信をもてず子育てから逃げて

しまう気持ちが根っこにあるからではないだろうか。

私が、ある小学校の5年生に総合学習のゲスト・ティーチャーとして授業をしたときのことである。将来の夢、という話題で、サッカー選手、タレント、パティシエ等々多彩な夢が語られるなかで「日産自動車の宣伝部に入る」というものがあった。その男の子に理由を尋ねると、お父さんが日産自動車の宣伝部に勤務していて、それがとても充実している様子なので自分も……と思ったらしい。たぶん忙しくてなかなか子どもに接する時間のないお父さんなのだろうが、自分に自信をもっている姿は、それだけで子どもに何かを感じさせるのである。

3－2　子どもを取り巻く状況を知ろう

あるお母さんから、学校にいるときと家にいるときでは、子どもの様子がまったく違うという話を聞いた。家では甘えん坊なのに、学校では結構しっかりしていた。ボランティア活動などで頻繁に学校に出入りしたおかげで、子どもの別の一面を知ることができた、とおっしゃっているのだ。自分の子どもが学校でどんなふうに過ごしているか、何を学んでいるか、学校に実際に出向いて観察してみて、初めて多くのことが見えてくる。

学校にいるときの子どもたちの様子を見てほしい

文部省時代、私のもっとも楽しい仕事は学校を訪ねることだった。地方の教育委員会で働いていた頃はとくに頻繁にあちこちの学校を訪ねた。いずれも楽しい経験であった。

訪れる学校で必ず見学する場所は保健室と図書室。保健室では部屋の様子を見て、養護教諭の話を聞く。図書室も雰囲気を見れば、その学校の子どもたちがどのくらい本を読んでいるかがよく分かる。そして、もちろん子どもたちや教師とできるだけ多く話をする。

素顔の学校は授業参観日には見られない。それよりもっと普段の学校の様子を見てほしい。学校に行って、よその子どもたちに「学校楽しい？」と聞いてみてほしいのだ。

子どもたちを見れば、すべてが分かる

子どもは自分の親には心配させたくなくて、「学校が楽しい」と嘘をつくこともあるが、知らないおじさんやおばさんには、かなり正直に話してくれる。「子どもの目線にあわせよう」なんて難しく考える必要はない。そうではなくて、ごく自然に興味や関心をもてばいいのだ。そうすれば、多くのことが視野に入ってくるのだ。

あるお母さんが印象深いことを話してくれた。「よい先生か悪い先生か見分けるのは簡単だ。子どもたちの眼差しを見ればいい。子どもたちの眼差しを見れば、その先生がどれだけ信頼されているか、好かれているか、よい授業をしているかが分かる」……と。

クラスの雰囲気がどうかは、子どもたちの集合写真を見ても分かる。子どもの身体が触れあったり重なりあったりしていればいいクラスだ。笑顔を作っていても互いの身体が離れていると要注意なのである。

3－3 モンスターペアレントといわせないために

最近、「モンスターペアレント」という言葉がよく使われる。誰が言い始めたのか知らないが、とんでもない言葉だと思う。たしかに、なかには学校に理不尽で異様なクレームをつける保護者もいる。しかし、それをもって「モンスターペアレント」というなら、教師にだっておかしな人間もいるわけだから、「モンスターティーチャー」と呼ぶことになるのではないか。

「モンスターペアレント」などという言い方が世間でまかりとおり、番組のタイトルにまでなったテレビドラマも登場した。教師たちがそうやって保護者たちをあげつらうこと自体、失礼な話だ。誰が主人で誰が使用人かを、はっきりさせなくてはいけない。公務員は奉仕者なのだから保護者や地域住民が主人公なのは当然だ。憲法15条にも「公務員を選定し、及びこれを罷免することは、国民固有の権利である」とちゃんと書いてある。

保護者は子どものために要求をしてかまわない

保護者が無理難題をいってくるというけれど、あるケースでは、実際に深刻な問題が生じているのに教師が問題を理解できないがために、あるいは問題を見過ごしているために、保護者の当然の要求を無理難題と捉えているのかもしれない。それを「モンスターペアレント」というような言い方で、「この頃は保護者が変だ」と一般化するのは、とんでもない話だ。

保護者は自分の子どもがよくあってほしいもの。たとえば、「たまには学芸会でうちの子を主役にしてほしい」くらいのことまでは、意見を述べてもかまわないではないか。だけど教師が、「それはできません。なぜならば……」ときちんと理由を説明したのにもかかわらず、保護者が納得せずに怒鳴り込んだり騒いだりするのは非難されるべきだろう。しかし、こういったことはすべて個別の問題だ。それを「モンスターペアレント」などという不愉快な言葉でひと括りにされて揶揄されて、保護者が黙っている必要はない。

PTAの退潮が「モンスターペアレント」を生んだ?

今、PTA活動がだんだん元気をなくしてきている。これまでPTA活動にはたしかにいろいろ問題もあったが、学校と家庭を結ぶ一定の役割を果たしてきたのは事実である。実はPTA活動の衰退が「モンスターペアレント」を生んだという見方もできる。つまり、これまではPTAという場をとおして保護者と教師が日常的な関係を結んできたわけだが、PTAの退潮でそういう両者の関係の前提がないところに、保護者が教師に理不尽な要求をするから、両者にとって難しいことになるケースがあるのではないだろうか。

ある新聞の教育欄に女性記者が、「私もモンスターペアレントかしら」という記事を書いていた。自分の子どもがいじめにあって、いつも元気がない。学校に、「この子はいじめにあっています。どうしてですか?」と相談に行った。遠足の写真を見せ、「みんなから離れてぽつんとしている。みんな嬉しそうな顔をしているのに、ひとりだけ寂しそうな顔をしている」といったところ、学校側から、「自分の子どもが笑顔で写っていないと、親がクレームをつけてきた」というふうにいわれてしまった。そういう内容の記事であった。

保護者が学校に要求をいうことは当然で、必要があればクレームをつけるのも当然だ。しかし、PTA活動を通じて保護者と学校との関係ができていれば、具体的に教師たちとも顔を合わせているわけだし、コミュニケーションもはかられているだろうから、それほど警戒されることはないだろう。それがいきなり学校を訪問するということになると、教師たちも身構えて、「モンスターペアレント」といった話になってしまうのだ。

もっとPTAを活用しよう

以前は、「PTAに入ると、いろいろ手伝いを頼まれる。草むしりやプール当番に駆りだされる」という理由で参加を避けていた保護者もいた。たしかにメリットがなくて、デメリットだけなら、誰もＰＴＡに参加しようとは思わない。しかし、今は学校に要求ができる時代だ。そして学校に何らかの要求をする場合、一番有効なのは今でもＰＴＡをとおしての要求である。だとすればＰＴＡのメリットをみんなが再認識して、大いに参加していくべきではないだろうか。

実は２０００年頃には、そういう気運の高まりのなかで、「自分たちが学校に関与していくぞ」と学校評議会までできたのだ。ところが、今でも学校評議会はあるが、次第にその動きはしぼんでしまった。学校をよくしていくために、形骸化しているＰＴＡがもっと元気になって活性化してほしいのである。

３－４　子どもを愛する気持ちが伝えきれていない

親が学校にクレームをつけるのは、自分の子どもの幸せが脅かされていると考えるからであり、自分の子どもを守るためだ。もともとは子どもへの愛情から出た言動なのである。

子どもを愛していない親はいない。本来、愛する子どものために、親は学校に対して何を要求してもいいはずだ。だからといって、要求するにはそのために守るべきルール、要求の仕方があるはずであり、親の本能のままに感情的に相手に接しても、なかなか理解は得られない。

ルールを守り、周囲から「やりすぎだ」「理不尽だ」「モンスターペアレントだ」といわれないような要求の仕方でないと、愛する子どもまで傷つけてしまう。自分の親が先生を怒鳴りつけている。それを見ている子どもが愉快なわけがない。逆に、きちんと親と教師とが話し合って、自分の問題を解決しようとしてくれていることが分かれば、それは子どもにとってたいへん嬉しいことだろう。親も自分のことを考えてくれている。先生も自分のことを考えていてくれる。大人たちは自分のことを大切にしてくれているのだと分かるわけである。

多くの親は子どもを愛する気持ちを上手に子どもに伝えきれていないのではないか。「子どものためを思って」と、学校に文句をいいに行って問題がこじれ、「お母さん、もうやめて」と子どもにいわれてしまったりするのだ。親が子どもを愛しているなら、その愛情が正しく伝わるような行動をしないと、子どもも自分もハッピーな結果にはならないのである。

愛情を伝えるために大事なのは、子どもとの距離のとり方

旧知の小学校の校長から、愛情をうまく伝えられないのは、子どもとの距離感をうまく測れないからではないかという話を聞いた。べったりする親はべったりしてしまう。放りっぱなしの親はいつも放りっぱなし。そうではなくて、子どもが欲しているときは近寄る、そうでないときは引く。子どもとの間合いを微妙に調整していく。そういう距離感のバランスをとっていくことで、親の愛情に気づくチャンスを与えられたり、子どもに自立するチャンスを与えられたりするのだということであった。子どもとの距離のとり方、たしかに大切なことだと思う。

3－5　子どものストレスと大人のストレス

電車のなかなどで、子どもたちが「むかつく」という言葉を口にするのを耳にする。「うざい」という言葉もよく聞く。果ては「ぶっ殺してやる」という子どもまでいる。心が暗く塞いでいる子どもがまだまだ大勢いる。子どもの間でむしゃくしゃした気持ちが蔓延しているようだ。子どものストレスは大人の責任である。子どもと直接かかわっている大人、つまりは親が子どもに何らかのプレッシャーを与えているせいで、子どもたちは息苦しくてしょうがないのだ。

登校拒否の子どもの数は、２００８年８月に発表された文部科学省の学校基本調査（速報）によると、07年度に学校を30日以上休んだ「不登校」の小・中学生は、国公私立あわせて12万９２５４人で、前年度比で２３６０人も増えたことが分かった。

小・中学生の「不登校」12万を超え、２年連続増

「不登校」の小・中学生は01年をピークに減り始め、06年度に5年ぶりに増加に転じた。なかでも、中学生の不登校は全生徒の２・91パーセント（前年度比０・05パーセント増）となり、過去最高を記録した。文部科学省の調査は、全国にある国・公・私立の小・中学校３万３６８０校を対象に調べたもので、「不登校」の定義は、病気や経済的理由を除き年間30日以上休んだ児童・

生徒のこと。小学生は在学者数713万2874人に対して2万3926人（前年度比0・4パーセント増）、中学生は在籍者数362万4113人に対して10万5328人（前年度比2・2パーセント増）、中学生の学年別では、中学1年生が2万5120人（1260人増）、中学2年生は3万7714人（839人増）で、中学への進学時に不適応な状況を起こす生徒が多いと見られている。不登校になったきっかけはアンケートの複数回答によると、意外に少ないのが「いじめ」の3・5パーセントで、前年比でも0・3ポイント増に過ぎない。「いじめを除く友人関係」は18・4パーセントで2・8ポイント増だ。

今回、文科省が初めて都道府県の教育委員会に「不登校」の増加要因を聞いたところ、「人間関係をうまく構築できない」ことを選んだのが93パーセントでもっとも多く、次いで「家庭の教育力の低下で基本的生活習慣が身につかず不登校に結びついた」が82パーセント、「欠席を安易に容認したり『嫌がるのに無理に学校に行かせることはない』と考える保護者の意識の変化」が65パーセントとなっている。

文科省ではこうした「不登校」児童・生徒や親に対して、引き続き、スクールカウンセラーの配置を進め、08年度から始めたスクールソーシャルワーカーの派遣事業などを活用して相談態勢の充実を図っていきたい、という。

親の画一的な価値観の押しつけが、子どもの心を追いつめる

さて、小・中学生の「不登校」に対して、親は親の画一的な価値観を子どもに押しつけてはいないだろうか？

「いい成績をとりなさい」「いい学校に入って一流の会社に入らないと……」「お金がないと生きていけないわよ」など、自分の生き方や価値観を押しつけていないか？　自分の期待どおりに子どもを育てれば、子どもが幸福になると思ってはいないか？　いや、その前にあなたが子どもに期待していることは、子どものためでなく、あなた自身を満足させるためのものではないか？

親のいうことがすべて間違っているとはいわない。しかし、自分の価値観が正しいとは限らないこと、世の中には多様な生き方があることをよく考えてみてほしい。今、子どもたちは狭い一本道を無理矢理歩かされているようなもの。他にもいろいろな道があり、自分が望めばどんな道でも歩けることを子どもは知らない。いや、親自身がそのことを知らない。このままストレスを溜めた子どもたちが大人になったとしたら、いったいどんな社会人になるのだろうか。

最近も東京・秋葉原で悲惨な事件が起こった。年間の自殺者の数は10年連続で3万人を超えたそうである。それでも犯罪や自殺にまで至るケースはまだ稀かもしれない。しかし、身近な弱者にはけ口を求めるケースがいじめというかたちになって現れている。親の画一的な価値観の押しつけが子どもの心を追いつめ、陰湿ないじめを引き起こしているのである。

振り返って、私も自殺を考えたことがある

何度も告白してきたことだが、私も中学2年の14歳のときに死んでしまおうと思ったことがある。医者で医学部教授だった私の父は、医者がどんな職業よりも一番偉いと思っている人だった。私にも医者になるように強要した。当時、私が通っていたのは私立の中・高一貫校で進学校として名を馳せている学校だったので、家も学校も受験一色。いい大学に入ることだけがこの世の価値、という空気のなかで、子どもながらに、「もう生きていてもしょうがない」と思い詰め、あるとき父親の書斎のガス栓をひねって自殺を試みたこともある。結局未遂に終わったけれど、親の価値観の圧迫から脱することができたのは、ずいぶん後のことであった。

子どもをストレスから解放する。学校の成績だけでその子の存在価値を測らず、子どものうちから楽しい生き甲斐が見つけられるようにサポートする。受験にチャレンジするのは大切なことではあるが、失敗しても人生の敗者になるわけではない。「目指していた高校に入ることはできなかったけれど、まあいいじゃないか、チャンスは何度でもあるよ」といってあげられるくらい大らかになってほしい。

大人の意識が変わらなければ、キレる子どもは減らない。そして、子どもはやがてキレる大人となっていくのだ。秋葉原の通り魔事件はその典型である。

子どもに対して「○○でなければダメ」が多くないか

大人社会の画一的な価値観は、まだまだある。「ある程度の年齢になったら結婚しなければならない」「結婚したら子どもを産まなければならない」「出世できない奴はダメだ」「モテない奴はダメだ」……。右を向いても左を見ても、「○○でなければダメ」のオンパレードだ。

ちなみに私はインターネットが苦手。最近少しはできるようになってきたが、まだ難しい操作は分からない。でも、不得手だからといって自分がダメ人間だとは思わない。もっとできるようになりたいとは思っているが、他人から、「インターネットも使えないのか、ダメだな」といわれたらムッとする。自分にはできることと、できないことがある。それだけのこと。子どもだって同じことで、前述の「みんなちがって、みんないい」という詩の一節を、誰もがすばらしいと思うのに、日常生活のなかでは、子どもにも自分自身にも、「○○しなければ……」と強いている。それがいいとはとても思えない。

「子どもの選択の自由を広げる」ことへの強固な反対意見

94年に新設された総合学科高校という制度がある。生徒が自分の希望に沿って学べるよう、高校3年間で受ける授業の約3分の2を選択制にした学校だが、この高校を設置するときは大変であった。とくに教育界からの猛反発を受け、なかなか賛成を得られなかった。

「15歳の高校生に科目を選ばせたら楽なものばかりを選んで真面目に勉強しなくなる」というの

が反発の理由であった。しかし本当にそうだろうか？

私たちが事前に一部に選択科目を導入している高校を調べたところ、生徒の授業態度が選択科目と通常科目とではあきらかに違っていた。自分が選んだ科目では、チャイムを鳴らさなくてもちゃんと教室に集まってくるのだ。

「生徒に科目を選ばせたら、真面目に勉強せずに怠けるに決まっている。生活が乱れる。非行が増えて学校が荒れる」

そんな意見が大半であった。自分で科目を選ぶことが非行につながるというのである。これには私も呆気にとられてしまった。なんという管理主義的な発想だろうか、と。「選択科目を増やして管理を緩めたからといって、今までより非行が増えた学校はひとつもない」と再三反論したが、それでも分かってくれない人は分かってくれない。

結果は明白である。総合学科高校の制度は定着し、94年に全国わずか7校でスタートしたのが、08年には334校にまで増えている。

「勉強は苦しんでするもの」という固定観念

総合学科高校について、

「文部科学省が子どもたちの学習意欲に応える高校にしようなどといっているが、とんでもない」そんな意見をいう先生もいた。なぜかというと、「教えにくいから」。生徒が「学びにくい」

というのなら、まだ分かる。そうではなくて自分が「教えにくいから」嫌だというのだ。教えにくいのなら教えやすいよう努力して、子どもに学んでもらうのが教師の役目だろう。教育が誰のものかを履き違えているのである。さらに驚いたのは、「生徒が楽しそうにしているからよくない」という意見。その先生は、「子どもは苦しい勉強をしなければいけない」と信じているのだ。そう信じている人はたくさんいる。

私たち大人は強制されないかぎりは自分が好きなことや関心のあることしか学習しない。嫌いなことを自分のお金と時間をはたいて学ぼうとは思わない。大人はそれが当然なのに、子どもには、「勉強で苦しめ」と強要するのだ。ここでも、「○○でなければダメ」の精神がある。

多様な価値観のなかで豊かな人生を送っていれば、本来こんな発想は出てこない。固定観念に縛られず、子どもたち自らが主体的に生きることを是とするように変わっていかなければ、本当に「ダメ」なのだ。

3-6「勉強嫌い」にさせていないか

「勉強はつらいもの」というフィクションができたのは、実はそんなに昔のことではない。たとえば江戸時代に勉強していた人は、学校に行ける人そのものが少ないわけだから、学校に行けることが嬉しいと思っていたはずだ。つまり、「つらい」というのは、自分は行きたくないのにみんなが行くから行かなくてはならない、というところから始まっている。そうなると明治以降の話だ。信じられないなら発展途上国の子どもたちに聞いてみてほしい。「勉強はやりたくてたまらないから、するものだ」と答えるだろう。

子どもたちはシステムの被害者？

勉強がつらくて当たり前という考え方は間違いである。勉強は本来嫌なものではない。知識を得ることは楽しいことのはずなのに勉強がつらくなってしまったのには、明確な理由がある。他人と同じことをやらされたり、自分がやりたいことができなかったり、時間を制限されたり、つまり、嫌いになるようなシステムになっているからだ。第1章で漢字の書き取りテストで0点を取った子どものことを紹介したが、まさにあの子のように今の子どもたちはせわしない教育システムの被害者になっているのではないか。

赤ん坊を見てほしい。人間は、そもそもすべてのことが物珍しくて、新しいことができると嬉しくてしょうがないというふうにできている。そのまま強制せずに放っておけば、おそらくそのとおりに育っていくだろう。それが3歳頃から、「ぐずぐずしないで早くしなさい」とか、「何をやってるの！」とか、親に叱られるようになって、子どもはやってはいけないことがあることを知っていく。子どもが社会性を身につけるために、親は叱るべきときに叱る必要があるが、その延長で子どもをいつも「叱らなければ」「教育しなければ」と考えているフシがある。もっと、子どもが自分で勝手に学んでいくことを、社会全体がよいことだ、楽しいことだ、と思えるような環境づくりをしなければならないと思う。

自分で夢を見つけたとき、子どもは自発的に頑張る力を発揮する

広島県の教育長時代、公立学校の業者テストの廃止や偏差値による進路指導の廃止、さらに定員にゆとりのある高校には希望者が全員入れるように、その地域の中学校の推薦で入学できるように制度を変えた。ところが、該当する中学校の校長が、「中学生が勉強しなくなると困るので、入学試験をなくされたら困る」と訴えてきたのだ。本当にやりたい授業ができずに受験対策の授業をさせざるを得ないことを心苦しく感じているとばかり思っていた私は、驚いた。

本来、学校教育は、受験のためにあるのではなく、知識を得る喜びや自分が向上することの楽しさを教える場所であるべきだ。高校も大学受験のために1年のときから受験用の授業を行うのではなく、卒業後の進路である大学や専門学校、あるいはさまざまな企業社会の職場を実際に見に行かせ、高校生活で自分は何を学ぼうか、子どもたちに考えさせることが大切だ。大学のゼミの様子、専門学校の授業内容、病院の仕事はどういうものがあるか、新聞社はどうか、パン屋さんはどうか。自分が高校を卒業した後、自分はどんな社会に進みたいのかを子どもたち自らが考えるように仕向けるきっかけが大切なのだ。

そうすれば子どもは自分の夢を見つける。商品を開発したい、看護師になりたい、農業をやり

たい。先生が進路指導をするのは、その後だ。「商品開発をやりたいのなら大学に行ったほうがいいだろう」「看護師だったら看護学校か大学の看護学科に進むか、選択肢は2つある。看護学校なら早く現場に出られるし、大学まで行ってじっくり力をつけるという道もある」などと、そうやって初めて子どもは自分の進路を自分で決めることができるのである。

自分で見つけた夢ほど強いものはない。高校球児を見てほしい。炎天下の苦しい練習に耐えてがんばっている。甲子園に出場したいという夢が彼らの頑張りを支えているのだ。夢が見つかったとき、子どもは自発的に頑張れる力をもっているのである。夢を叶えるために塾に行きたい、予備校に行きたい、それが本人の意思であれば親として賛成すべきだ。

子どもの学習意欲を引き出す言葉、萎えさせる言葉

私の小さい頃の夢は外交官になることであった。だから、中学校に入る前は、英語の勉強ができることを非常に楽しみにしていた。ところが、中学校に入ってすぐに英語が大嫌いになってしまった。なぜなら英語の授業がまったく面白くなかったからだ。英語の先生が英語の楽しさをまったく教えず、「試験に出るぞ」と、そればかりしかいわなかったからである。受験に合格させるという観点でいえば都合のいい授業だったのかもしれないが、結局、私は英語が喋れる人間にはなれなかった。

数学もそうだ。「試験に出るぞ」という台詞を中・高6年間でいったい何回聞いたことだろう。

意欲に燃えていた子どもを萎えさせるに十分な言葉であり、学校であった。何とか大学に入ることはできたが、英語も数学も今でも苦手で、随分もったいないことをしたなと思っている。

ただ、国語の授業には恵まれていた。国語の先生は中学1年生の最初に国語の勉強がなぜ必要か、1ヵ月かけて丁寧に教えてくれた。おかげで国語に対する意欲も能力も身につけられたと思う。どうして勉強しなくてはいけないの？　と、子どもに聞かれたとき、それを真摯に受け止めて答えられるだけの考えを、学校だけでなく、親ももっていなければならないと思っている。

モチベーションを与えれば、子どもは勝手に伸びていく

マラソンの高橋尚子選手を育てた小出義雄監督は、明確なモチベーションを与えるのが得意と聞く。高橋選手は小出監督と二人三脚で自分の夢に向かって頑張ることができたから、オリンピックで金メダルを取ることができた。同じように子どもに明確なモチベーションをもたせられれば子どもは苦しい勉強を乗り越え、自分で勝手に伸びていく。

かつては勉強すれば豊かな生活が手に入るという分かりやすいモチベーションがあったので話は簡単であったが、これだけ豊かになった現代では、その手はもう使えない。昔は総理大臣とか野口英世とか、ロールモデルがはっきりしていたが、今はそんな強力なモデルイメージはほとんどない。麻生太郎首相みたいになりたいと思う子どもがいるだろうか？

反面、今は一人ひとりの個性の先に夢を描ける時代だ。イチロー選手や松坂大輔投手が数学の

天才である必要はないし、宇多田ヒカルさんがスポーツ万能である必要はないのだ。自分のなかの輝く部分、得意な部分、好きでたまらないこと、そういうところを伸ばす方向で考えていこうではないか。

これは子どもにだけいっていることではない。大人にもいえることだ。これだ、というものが見つかったら頑張ればいい。間違えたと思ったら、また迷えばいい。ときにはひと休みすることも必要だ。そうして、夢を見つけていけばいいのだ。高校を卒業するまでに進路を決定しなければならないということもない。強迫観念のあるところからは夢は生まれない。「○○でなければダメ」、まずは大人がこの考え方を見直すところから始めてほしい。

たった1点であろうが、向上することが大切なのだ

一旦、子どもにモチベーションが芽生えたら、その意欲を決してつぶすべきではない。「あなたが新聞記者になんてなれるはずがない」「そんなことをしていても将来何の役にも立たない」など、ついついいってはいないだろうか？　人間は自分が向上することに、大きな喜びを感じる動物。将来本当にその夢に到達できなくてもいいではないか。そこに向けて頑張ることで、子どもたちは必ず成長する。だから褒めて、励ましてやってほしいのだ。

たとえば、子どもがテストで30点取ったとする。次のテストで31点取ってきたら、それは向上だ。たった1点じゃないかというのは問題ではない。ほんの少しだろうが大幅だろうが、向上し

たということが立派であり、価値があるのだから。

逆に成績が低下していくのであれば、向上したいと思っていないわけだから、心配しなければいけない。もともとの成績が高いか低いかではない。むしろ、進学校に通っている子どもより、落ちこぼれといわれている子どものほうが、上がる余地がたくさんあるのだからよいくらいだ。進学校に行っている子どもは、成績で上がる余地が少ないから、むしろ他のことで向上心を育てなければいけないかもしれない。今、勉強のできない子どもは、可能性がたくさん残っているということである。

要はその子どもがよくなろうとしているかどうか。よくなろうと努力している子どもは、必ず向上していくはずだ。

3-7 大人と子どもが話をしない国・社会でいいのか

現代の日本ほど大人と子どもが話をしない国はないのではないだろうか。日本の歴史上でもなかったこと。親と子を対象にした会話時間に関する調査結果を見てみると、決まって親のほうが子どもの回答の2倍程度「話している」と答えている。子どもが「1時間」と回答しているならば、親のほうは「2時間」という具合。親と子で答えに開きがあるのは、子どもが親の話の半分を会話だと思っていないからだ。会話ではなくて、説教を一方的にいわれていると思っているのである。

うちの子にはどんな友達がいるのか、その友達はどんないいところがあるのか、そういったことを心底知りたいと思って話しかけ、その答えに耳を傾ければ、子どもはいろいろな話をしてくれる。自分の子どもでもよその子どもでも、相手に関心をもって話しかける、それがないから子どもとの距離が開いていくのである。

大人と子どもが話をするのは親や教師だけに限らない。

「子どもたちに話しかけよう」キャンペーンの話

都心の高層集合住宅に住んでいる友人・亀井一元さんから聞いた話を紹介しょう。

住宅自治会の役員会で申し合わせ、朝のあいさつで「子どもたちに話しかけよう」というキャンペーンをやったことがある。掲示板や3機あるエレベータのなかにイラスト入りの張り紙をして、親や子どもに呼びかけた。朝のラッシュ時にはエレベータのなかで、またエレベータホールで「おはよう！」「おはようございます！」……ただそのひと言だけでもかけ合う元気な声で活気づいた気がした。町会の下部組織的な小さな「地域社会」でも、夏祭りなどのイベントでも「子ども」中心のプログラムが組まれ、いつも賑やかに繰り広げられる。祭り好きの親が多い地域なので、可愛いはっぴを身にまとい、親子揃って神輿をかつぐことも珍しくない。

亀井さんは勤め人ではないので最近、1階ホールで新聞の夕刊を読みながら、小学校や幼稚園、保育園から帰ってくる子どもたちに「お帰り！」「お帰りなさい！」と声をかける。

ラッシュ時は何十人も続けて帰ってくるので、全員に声をかけることは難しいけれど、およそ1時間の間に、20～30人には声をかけることができる。はじめは声をかけても戸惑っていて答えずに通りすぎる子どもも多かったが、だんだん会話ができるようになった。3～4歳の子どもには母親が付き添っており、「お帰り！」と声かけすると、母親が黙っている子どもに「ただいま！というんでしょ」と促す光景も見られた。何回か会っているうちに、子どもから先に近づいてきて、「ただいま！」と声をかけられるようになった、という。

こうして顔なじみになったある児童に「今、何年生？」と尋ねると、小6と答えてくれたので、「来春は中学生か。今、将来の夢はもっているの？」と聞くと、何のこだわりもなく、「テニスの選手」と答えて、慌てて「プロのプレーヤー」と目を輝かせて補足、プロのプレーヤーの実名まで挙げてくれた。北京オリンピックの開幕を数日後に控えた日の会話であった。

ひとり息子で、父親も母親も週に1回はテニスの練習に行っていることを知っていたので、そうした家庭環境のせいか、両親のかっこいい姿を見てか、小6にしてそんな夢をもっていることにいささか驚いたという。

亀井さんには2人の孫娘がいるが、九州にいるのでめったに会えない。そんな寂しさがあってか、同じマンションに住む子どもたちに声をかけるのが楽しい、という。「お帰り！」と子どもに声をかける姿はこれからも続くだろう。掲示板に貼られたポスターの「地域社会が子どもを守り育てよう」というキャッチフレーズの趣旨を実践しているつもりかもしれない。

子どもたちには、「好きなこと」を聞く

私は子どもに話しかけるとき、たいてい「あなたは何が好きなの?」「あなたは何がやりたいの?」と尋ねることにしている。そうすると、こちらの好奇心が伝わるからだろうか、子どもは生き生きと答えてくれる。「何が好きで、今こんなことをやっていて、将来はこうしたいのだ」などと話してくれるのだ。

よく「得意な勉強はなに?」「学校の先生はどんな人?」「お父さんやお母さんは何をしている人?」などと尋ねている人を見かけるが、子どもにとってはあまり面白い話題ではない。勉強の話なんかしたくないし、先生や親のことも何と答えていいか分からない。それよりもその子どもがしたいこと、好きなことを聞いてほしい。

大人の場合もそうだろう? いきなり「どこの学校の出身ですか?」「会社は一部上場ですか?」なんて聞かれても、あまり気が進む話題ではないのではないだろうか。

大人は自分自身の好きなこと、やりたいことがはっきりしていない人が多いため、お互いに学歴や会社の肩書きで誤魔化しながら会話している面がある。でも、子どもは違う。子どもはもっと好きなことが明確にある。ぜひ、子どもたちに「好きなことは何?」と話しかけてほしい。子どもの答えに耳を傾けているうちに、いつの間にか何かを得た自分に気づくはずだ。

かくいう私もそうだが、ともすれば大人は忙しいことを理由にいろいろなことから逃げてしまいがちだ。たしかに仕事もあれば、つきあいもある。それぞれがさまざまな事情を抱えて忙しくしている。でも、子どもの前で「忙しい、忙しい」とばかりいってはいないだろうか？　いわないまでも、ブスッとふくれ面をしてはいないだろうか？　子どもから「大人って何か楽しいことはあるのですか？」と聞かれてぎょっとしたことがあるが、大人だって、本当は楽しいことがあるのだ。その楽しいことを子どもに伝えてみる。子どもに分かるはずがないと思わずに話しかけてみる。きっとそこから豊かな双方向の会話が生まれてくるはずである。

3-8　向上し続けようとする大人はかっこいい

子どもは大人に興味がないわけでも、大人が嫌いなわけでもない。かっこいい魅力的な大人だったら、子どもは仲良くなりたいと思っているはずだ。では、かっこいい大人というのは、どういう大人だろうか。

たとえば、私が１００万円のお金をもっていたとして、そのお金を全額子どものために使ったとする。塾に通わせるとか留学させるとか何でも構わないが、子どものためになることに使ったとする。自分を磨くこともできるけれどもそれはガマンして、子どものために使うのである。これは果たしてかっこいいだろうか。

私は違うと思う。「かっこいい」とは、常に自分を向上させようとする人のこと。子どもは親にもっとかっこよくなってほしいと思っている。親が自分の人生に対して前向きに取り組み、自分を向上させようとしている様子は、子どもにとって嬉しいことなのだ。それなのに親が自分のために向上することをあきらめた、と感じたら、子どもは何と思うだろうか。だから前述の例でいえば、100万円のうち半分は自分のために使い、残りの半分を子どものために使う、あるいは自分に20万円使って子どもに80万円使うとか、とにかく自分のために使うべきなのである。そのお金で堂々と自分に投資してほしい。

子どもが尊敬するのは、自分自身が向上し続けようと努力する親

最悪なのは、「あなたのために100万円を使ったのだから、その分はきちんと勉強しなさい。誰のおかげで学校に行けると思っているのだ！」などということだ。「子どものために自分は犠牲になった」などと恩を着せるような言い方よりも、親が自分自身のために懸命に生きてくれたほうが、子どもは何倍も感謝し、親を尊敬するはずだ。子どものために自分はガマンする、子どものために働いてお金を稼ぐ。どれもこれも「子どものため」ではなく、「自分が子どもにそうしてあげたいから」のはずである。本来、自分が望んでやっているにもかかわらず、「あなたのためにお母さんはこんなにガマンした」などというのは、ただの愛情の押しつけでしかない。「色男、金と力は無かりけり」というしゃれた言葉がある。色男、つまり、女性にモテる男は意

外に金や力がない……、という意味だが、これが本当だとすると、経済力も力量もない男性がどうしたら色男になれるのだろうか。

もしかすると、色男というのは大変な努力家なのかもしれない。彼とデートすると毎回違った楽しい話をしてくれる。私を楽しませようと努力してくれている。たとえば、こんな女性と一緒にいる時間をより楽しいものにしようという努力が、女性の心を惹きつけ、その結果、色男と世間でいわれるようになったのかもしれない。最近お笑い芸人がモテているそうだが、人気者になってからは別だろうが、その前の段階では彼らもまさに「金と力は無かりけり」。やはり向上心が色男の第1条件といえるのかもしれない。

3-9 大人が変われば子どもも変わる

重ねていうが、子どもを変えようと思う前に大人自身が変わるべきだ。今の日本の大人がどれだけ立派なのか？　「子どもたちのモラルが下がった、ひ弱になった」というけれど、今の大人が立派だという前提があれば、そういうのも分かる。しかし、今の大人が立派だとは誰も思っていないのに、子どものことなどはいえない。

子どもの学力が落ちた、将来が心配だ、などと心配する前に、自分の心配をしてほしい。パチンコをやってブラブラしたり、電車のなかで膝がぶつかった程度で喧嘩したりしている大人たちが、「徳育」をやれなどとよくいうよ、と私は思うのである。

「マイホームパパ」より「マイホビーパパ」

「家庭サービス」をして「マイホームパパ」になれ、といっているわけではない。「家庭サービス」というのは、ちょっと嫌な言葉だ。あの「サービス」という言葉の裏には、自分は楽しくないけれど、妻や子どものために仕方なく、というニュアンスが隠れている。そんな自己犠牲的な「マイホームパパ」だったら、仕事人間のほうがまだましだ。

私が提唱したいのは、「マイホームパパ」ではなく、「マイホビーパパ」。「マイホビーパパ」は、自分の好きなことをもっているお父さんのこと。好きなことがあれば、それを通じて自然に子どもとの接点が作れる。

子どもにお父さんの趣味の話をする。野球でもゴルフでも将棋でも。自分が夢中になっていることの話をし、できれば子どもと一緒に楽しんでみる。自分も楽しい、子どもも楽しい、それが最高だ。無理して子どもの相手をするよりそうやって一緒に楽しむ時間を作っていけばいいのである。

これは、お母さんも同じこと。子どもを人生の中心におかず、自分の人生を優先させる。自分の生き甲斐を見つける。そのほうが子どもとの関係が良好になるばかりか、子どもが独立して巣立っていった後も、楽しく生きていける。趣味がある人はボケる率も寝たきりになる率も低いといわれている。生き甲斐を見つける。そうすれば人間はいつからでも変わることができる。

人間は、同じ職場や同じ職業、あるいは家庭のなかなど、ひとつの世界にどっぷりはまっていると、見方が画一的になってしまいがちだ。自分の属する世界の見方しかできなくなってしまうのである。

しかし、ひとつでも好きなことが見つかれば、それを通じて違う世界の人と交流できるようになる。そうすると、自分のなかに、別の自分が生まれてくる。これまでとは違った別の見方ができる自分……。そのときになって初めて、自分がひとつの尺度で物事を測っていたことに気がつく。逆にいうと、人は別の自分に出会わないと、自分が単一のものの見方しかできていないことに気がつかないのだ。

私自身、役人をやりながら映画評論や落語評論をやっていた頃は、霞が関で政治家や役人とつきあう自分と、酒場で映画監督や落語家とつきあう自分がいた。

また、人にはそれぞれいいところと苦手なところがある。政治家のいいところと落語家のいいところは違う。苦手なところも違う。

あの人は頼りないけど、優しいところがある、この子は時間にルーズだけど一生懸命動物の世話をする、それぞれに認め合って自信をもって生きていくことができれば、きっと大らかで明るい社会になるのではないか。

大人として恥ずかしくない生き方をしているか

ずいぶん昔の話だが、１９７０年の大阪万国博覧会の頃のある日、東京～大阪間の新幹線ひかり号が超満員になった。それこそ誰も身動きができないような車中、1号車に乗っていた若いお母さんが、子どもにミルクを飲ませなければならないのに、お湯のあるビュッフェまでとても行けない、という状態になったそうだ。で、どうしただろう？　1号車から5号車までの乗客が順繰りに手渡しで哺乳瓶をビュッフェまで届け、その哺乳瓶にお湯を入れてもらった後、また手渡しでお母さんのいる1号車まで届けたのだそうだ。今、同じことが起きたら、私たちは同じ行動ができるだろうか。最近では、ちょっと子どもがうるさくすると、同じ車両に乗り合わせた乗客たちが、「親の躾がなってない」とばかりにお母さんをにらみつけることがある。小さい子どもと一緒にいるだけで、お母さんは肩身の狭い思いをしている。

電車に乗ると、奥の方は空いているのに入り口付近が混んでいることがよくある。他の人が窮屈な思いをしないように詰め合わせて乗車しましょう、という気持ちが働いていないのだ。大人たちは電車のなかで若い女性がお化粧していると文句をいうが、駅のゴミ箱をあさって新聞や雑誌を拾っている大人の姿もよく見かける。「生活に余裕がないのだから、しょうがないじゃないか」というかもしれないが、「だったらお金がなければ何をしてもいいのか？」と聞き返したくなる。

自分は自分の人生を大切にしているか、自分は大人として恥ずかしくない生き方をしているか、まずは虚心坦懐に自分を見詰めてみるところから、始めてほしいのだ。

第４章　子どもを支えるための地域の教育力

「家庭の教育力」に対して、「地域の教育力」について最新の情報・状況を踏まえて考えてみたい。第2章で取り上げている「教育振興基本計画」に謳われた今後10年間を通じて目指すべき教育の姿は子育て・子どもの教育に当たって「社会全体で」というフレーズがやたらに目立つ。言葉のニュアンスからは抽象的にも聞こえるし、もっと適切な表現はないのか、といいたくなるが、2050年に向けて、地球規模でものごとを捉えていかなければならない21世紀、子どもたちの生き抜く力を育むためには、やはり「社会全体で」とアピールするしか表現できないのかもしれない。「地域の教育力」とは、「社会全体」のなかの「地域」と捉えて考えなければならない。一口に「地域」といっても、これもまた抽象的であえて定義づけるなら、公立・私立にかかわらず、小学校区内で子どもたちが住んでいる「まち・むら」といえる。「まち・むら」を構成している地域には住宅自治会、町会、集落、校区内にある団体や企業、ボランティアグループ等々あらゆる人間の集まり、というのが対象となる。この章では「学校に教育のすべてを任せすぎていないか？」「学校・地域・家庭の理想的な関係とは？」などについて言及し、「地域で子育て」の活動拠点として、2007年4月より文部科学省と厚生労働省がスクラムを組んで進めている「全国放課後子どもプラン」への可能性と期待について述べる。

4-1 学校に教育のすべてを任せすぎていないか？

1999年に当時の小渕首相が招集した「『二十一世紀日本の構想』懇談会」で、メンバーの山崎正和委員が、「学校は週5日制でも多い。3日制でいい。その代わりその3日間は、基礎基本をみっちりやってもらう。今日は算数だけ、明日は国語だけ、というふうに集中して3日間を使う。あとの4日間は、家庭や地域が担当する。塾へ行っても、何をしてもいい。子どもがやりたいことを伸ばす日にする」と、おっしゃっていた。95年に経済同友会が出した提言にも、「学校5日制でもいいが、学校でみっちり基礎基本を教え、ほかの時間は学校でも家庭でも地域でも、音楽とか美術とか理科の実験とかそういうことをやる」と、あった。

要するに、考えなければいけないのは、子どもの教育を学校にすべて任せすぎていないか、ということである。

教育に関するすべての役割を学校が担うのは無理がある

山崎委員の発言、経済同友会の提言のどちらにも共通していることは、教育に関するすべての役割を学校が担うのは無理であり、家庭と地域と学校の三者で教育に当たるべきだ、としている点だ。学校は基礎基本、いわゆる「読み書き・そろばん」を教えることが得意なのだから、それに徹すればいい。そういう考え方をアピールしたというわけだ。

私は両者の考え方に賛成だが、それをすぐに実現させるのは難しいとも思っている。とりあえずは現行の週5日制のなかで、基礎基本を教えること。言い換えると学習指導要領の中身を子どもたちにきちんと身につけさせること。それと意欲を伸ばすことの両方を学校がやるしかないと思っている。

基礎基本のほうは、今の教育制度のなかでもきちんとできていると思う。たとえば満足に「九九」を教えることができない教師がいたら大問題であるが、それはさすがにないだろう。でも、もうひとつ本人の意欲を伸ばしていくほう、たとえば子どもに実験をさせたり、いろいろな考え方に基づいて学習させたりという部分は、今の教師は不得手だから、そういう教育・学習に対応できる教師を早く育成しなければならないと思っている。

「地域で子育て」の活動拠点、「放課後子どもプラン」の可能性と期待

文部科学省と厚生労働省が一緒になって、07年4月から、「全国放課後子どもプラン」という事業を始めている。今まで学童保育は厚生労働省が所管していたが、あれは児童福祉の観点から単に親が働きに行っている間、子どもを預かるというもの。この「全国放課後子どもプラン」は、それをやめた分の予算に新しい予算を加えて始めた事業である。

「全国放課後子どもプラン」は、すべての子どもを対象としている。安全・安心な活動拠点とし

て子どもの居場所を設け、地域の人の参画を得て、さまざまな体験活動や交流活動を行う事業で、自治体の行政面では各教育庁の生涯学習課が担当。一方、「児童館」または「児童クラブ」は、共働きなどで昼間保護者がいない家庭の小学生、おおむね10歳未満の子どもに対して、放課後や長期休暇中の適切な遊びや生活の場を与えて、子どもの健全な育成を図る事業で、自治体では福祉保健部の少子対策課などが担当。２つの事業が連携して、放課後の子どもたちが健やかに成長できる環境づくり、プランでは地域住民の参画がひとつのポイントになっており、「地域で子育て」の気運を高めるきっかけにしようと躍起だ。

どんな取り組みをしているかといえば、たとえば２つの事業の関係者が参加して推進委員会の開催、指導員やコーディネーターを対象とした研修会の開催などがある。プランの狙いは、ひとつは子どもの社会性、自主性、創造性を高めること。意識的にさまざまな体験活動の機会を提供し、世代間交流を進めることで、子どもの「生きる力」を育むこと。もうひとつは地域の教育力の再生。子どもとのふれあいは大人自身の喜びや生きがいにもつながり、学校教育では味わえない、ゆとり教育の理念実践の場といえるかもしれない。

教育振興基本計画のなかにも位置づけられているとおり、この「全国放課後子どもプラン」は地域ぐるみの教育再生のなかで、全国すべての小学校区に設置するのを目標としている。平日の放課後と土・日曜日に、親がいようがいまいが子どもたちを引き受けるという取り組みだ。それもただ漫然と子どもを預かるだけではなく、学力をつける授業、歴史、音楽、スポーツなど、さまざまな教育活動を試みようというのが基本ビジョンだ。

「全国放課後子どもプラン」を充実させていけば、学校は本来の役割である読み書き・そろばんに徹することも可能になってくるわけで、将来的には、「総合学習の時間」を「全国放課後子どもプラン」に移管することも可能である。

とにかく、子どもがもっている時間は、1週間で24時間×7日＝168時間しかない。その168時間を、授業時間を増やすか減らすか短絡的に考えるのではなく、子どもたちの生活がどうしたら向上するのか、そういう視点で議論していかなくてはならない。

「知育」は学校、「体育」と「徳育」は地域と家庭、という分担

学校の先生に、知育も体育も徳育もぜんぶお任せします、というのは明らかに無理がある。本来、学校は知育を中心に担当し、体育と徳育は地域と家庭がやっていたのに、地域と家庭がサボッてすべてを学校に任せておけばいい、という風潮になっていった結果が、今日のようなことになっているのだ。

昔の子どもが今の子どもよりも心が豊かだったとするならば、あるいは体力があったとするならば、それは昔の学校が立派だったのではなく、地域と家庭が知育以外のところをきちんと受け持っていたからなのである。

よく「戦前は修身の教科書があったから道徳的だった」というが、それは間違いだ。今、修身

の教科書を使ってもダメ。戦前、今より子どもたちがお年寄りを大切にしたのはなぜかというと、修身の教科書のおかげではなく、地域社会でお年寄りを大切にすることを学んでいたからだ。

あるいは戦前の若い人は電車のなかで化粧をしなかったとか、コンビニのような店先で地べたに座るようなことはしなかったとか、それは学校で道徳を教えてくれたからではない。戦前の家庭、地域がいかにしっかりしていたかということの証拠なのである。

学校は抽象的な概念しか教えることができない

そもそも学校は、抽象的な概念しか教えることができない。先生が、「電車のなかでは、お年寄りに席を譲りましょう」と授業時間に話すことはできるが、子どもたちをそのために引率して電車に乗せ、お年寄りに席を譲る体験をさせることは難しい。同様に命の大切さを教えるにしても、教科書などを通じて概念として教えることはできても、実際に生き物を大切にする経験をさせることはできない。お年寄りに席を譲って、「ありがとう」といわれた、身近な人の死を通じて命の尊さに触れた、などという経験は、学校ではなかなかできない。家庭や地域など、子どもたちが日常的な体験を積んでいくなかで理解していくしかないのである。

学校にすべてを任せるという考え方を捨ててもらう。捨ててどうするかというと、地域の大人一人ひとりが、子どもたちの教育に責任をもつ。現実に週5日制が完全導入された02年以降、お寺や神社に子どもたちが来るようになった、廃れかけていた祭りが復活した、そういう話が各地で出てきている。そこまでいかなくても、日本中の家庭で子どもとの会話の時間が確実に増えている。だんだんよくなってきているのも事実である。

私の考えは、地域ぐるみで子どもを育てるのが主流になるべきというもの。地域の皆さんと家庭と学校の三者で教育を作っていくという方向だ。今のように国が学校をチェックするのではなく、地域が学校をチェックする。ただ、時にとんでもない首長が現れないこともないので、第三者機関が数年に一度は監査する……。イギリスの監査局のようなイメージで進めるべきではないだろうか。

競争原理の典型「学校選択制」は地域社会を脅かす

教育に市場経済的競争はなじみにくいが、ある種の競争性は必要だと思う。一時期リレーで順位をつけないというような非競争が流行ったが、それはやはりナンセンス。ただし、競争原理を重視するあまり、市場経済の考え方が教育の土台に入り込んでくるのはいかがなものだろうか。

競争原理の典型である「学校選択制」は、地域コミュニティが緩んでくる原因になる。人気のない地域の学校に子どもが行かずに、よその学校に行く。それは生徒から選ばれない学校が悪いのだからしかたがない。「学校選択制」とはそういう制度だと簡単に片付けてしまっていいのだろうか。

選ぶ子どもが減ってくれれば学級の数が減る。もっとひどい場合は学校そのものがなくなり、近くの学校に統合される。どちらの場合も、そこで先生方の職場が一旦はなくなるが、極端にいえば先生方は痛くもかゆくもない。クビになるというのなら必死になって学校の質を上げようと努力するだろうが、他の学校に異動するだけだから平気といえば平気。一番困るのは、その学校に残された子どもたちと親たちだ。

自分の学区域の学校にいろいろ問題があってうまくいかないのなら、むしろ親たちが学校に入って先生と一緒になって問題を解決するというような態勢がとれないだろうか。自分たちが生まれ育った地域の学校を、先生や保護者たちが地域ぐるみで一緒になってよくしていこうという態勢が主流になるべきだ、と私は思う。

先日、秋田県へ行った。秋田市立西中学校後援会という組織に招かれてのものだ。この会は、ＰＴＡとは別に地域の大人たちが組織して長い歴史を有するという。後援会の名前が印刷された特製の封筒を使うほどの活発な活動である。学校を応援するだけでなく、教師、親、地域住民が共に話し合ったり教育について学んだりする機会をたびたび設けている。その会に講師として呼ばれた。若い教師、親からお年寄りまで、たくさんの住民が集まって、私の話を熱心に聞いてくれた。

全国一斉学力テストの結果をマスコミが大騒ぎして報じるなかで、07年、08年と秋田県が全国トップの成績を収めたとされる。この地域の大人たちの様子を見ていると、「学力トップ」の秘密はこのへんにあるのではないかと思った。

教師の専門性と地域の良識が一体化した学校運営

「ダメだったら切り捨てよ」という発想は人間的ではないし、温かさがない。そのような発想のなかで子どもたちが生きていくと、どのような人間に育つのだろうか。自分本位で打算的な、勉強しかできない人間が育つような気がする。勉強ができる子もできない子も、心身に障がいのある子もない子も、年寄りも子も、みんなが協力して信じ合って支えていくのが共同体であり、社会であり、地域であるべきだ。

そういう原点に戻れるようにしていくのが政治であり、教育であり、そして家族なのではないかと思う。共に生きていくことを大事にしたい。地域のなかで地域を巻き込んで地域の皆さんと学校を創造していくと考えるのが、最も人間的だと思う。

なれ合いやもたれ合いではない、教師の専門性と地域の皆さんの良識が一緒になって学校を運営し、子どもの育成に参画していくような気風ができれば、本物の地域社会が育っていくはずである。

地域の教育力を高めるにはボランティアを学校に迎え入れ、活用する

地域の教育力は昔より確実に上がっている。昔はサッカーを教えられる人は学校の先生しかいなかったが、今は、子どもを指導できる人が地域にもいる。また、キャンプに行くといっても以前は学校の先生しか引率できなかったが、今はキャンプに詳しい大人が地域に大勢いる。他にも

語学が堪能な人、海外経験が長い人、文化芸能に通じている人、多種多彩な能力と経験を備えている人が地域には大勢いる。また、子どもに何か教えたい、子どもの教育にかかわりたいと思っている人も大勢いる。そうした地域の人材をボランティアとして迎え入れ、活用していけば地域の教育力は確実に上がってくるはずだ。地域の教育力を高め、発揮する仕組みをもっともっと工夫すべきだ。その身近な方法が具体的にボランティアをもっと学校に迎え入れるという方法だ。時間が足りないと教師が嘆いているケースが多いが、学校でやるべきこととできないことを区別することが先決、地域のボランティアを受け入れれば教師の忙しさは軽減できるし、地域と学校の好循環が生まれる。実際ある小学校でボランティアを募ったところ、即座に100人の方から申し出があったそうで、積極的に参画して成功しているケースも少なくない。

たとえば、授業中に先生のいっていることが理解できない子どもの側に行き、理解するのを助ける、朝の読み聞かせを行う、障がいのある子どもの学級で教師のお手伝いをする、など。文部科学省もボランティアが入りやすいように制度を工夫していく必要があるだろう。単に教師の数を増やすより、よほど建設的な取り組みになるはずだ。

また、ＰＴＡについては第３章でも触れたが、当事者意識をもつ親たちを中心に、地域が子どもを育てていく受け皿としてＰＴＡが機能していく。そういう考え方があっていいと思う。

4-2 学校・地域・家庭の理想的な関係とは?

ここで学校、地域、家庭の関係を今一度整理してみよう。

これまで私たちは、学校、地域、家庭の関係を並列的なものとして理解していた。でも、それは誤りで、地域という大きな枠組みのなかに学校と家庭が含まれる、と見るほうが正確。学校の教師も親も、大人はすべて地域に属している。学校の教師は地域住民でもあるし、お父さん、お母さんもやはり地域住民だ。つまり、学校も家庭も地域とダブッた存在として成立しているのが普通。ダブッていないところは、家庭をもっていない人や、子育てを終えた年配の人などで、学校にも家庭教育にもかかわっていないけれども地域住民ではあるという人たちだ。

これまでのように学校、地域、家庭を並列のものとして捉えていると、学校関係者は学校のこと、保護者は家庭のこと、というようにそれぞれの役割のなかだけで一生懸命やろうとする。でも、そうすると地域の教育はいったい誰がやるのかと聞きたい。学校にも子育てにも縁のない人がやればいいといっても、もちろん例外はあり、そういう人たちは子どもの教育になかなか実感が湧かないものだ。

「最初に地域ありき」の考え方で、教師も親も同じ地域住民としての意識をもつ。すべての地域住民で子どもたちを見ていこう、という前提を共有したうえで、家庭は親が、学校は教師が責任をもってやっていくというのがいいのではないだろうか。

地域の教育力がアップすれば、学校がスリム化する

このような考え方で、地域の教育力をアップすることができれば、学校は自然にスリム化していく。学校をスリム化するのは、教師を楽にするためではなく、子どもが「生きる力」を身につけるためにはそのほうがよいからだ。数式に表すとこのようになる。

学校の教育力（A）＋家庭の教育力（B）＋地域の教育力（C）＝子どもを教育する力（Z）

学校のスリム化というのは右の式のAの値を小さくすること。しかし、真の目的は「子どもを教育する力＝Z」を大きくすることだ。これまでは、小さくなっていくBとCの分を、Aが大きくなることで何とかしのいでいた。それを構造的に改めて、BとCを大きくすることでZを大きくしようというのが、学校のスリム化である。

学校の力は大きくなりすぎた。子どもの「生きる力」は、家庭、地域、学校の3つの力がバランスよくあわさったとき健全に育まれるのである。

学校での部活動の代わりに家庭や地域でスポーツ活動ができる場を作る。学校の遠足を減らして、家族でのピクニックや子ども会やPTAが主催する地域行事としてのキャンプを増やす。そ

うすれば子どもにとっての学習チャンスは減ることなく、学校はスリム化できる。

行政もその方向で、家庭や地域の教育力向上を支援することが不可欠だ。その場合は学校教育を担当するセクションではなく、生涯学習や社会教育を担当するセクションがその地域の実情にあわせて支援していくことを心がけていくことが大切になってくる。

その意味でも、「全国放課後子どもプラン」に対する期待は大きい。

4-3 地域で学校を支えるということは……?

学校の建物を老人のデイサービスセンターや地域のコミュニティ施設として利用しようという動きが各地で活発になってきている。少子化に伴って学校のスペースに余裕ができてきたので、それを有効利用しようというわけだ。

前項で、地域という大きな枠組みのなかに学校や家庭がある、その地域と学校と家庭の連携が教育に欠かせないと述べたが、その地域コミュニティの核として、機能としての学校ではなく存在としての学校、すなわち学校の建物を利用しようというわけである。学校は基本的に子どもが徒歩で通えるように設置されているから、誰にとっても比較的便利な立地で、しかも危険なエリアを通らなくていい点でも有効活用を望むことができる。

全国の人口は3年ぶりに増加、65歳以上の老年人口は過去最高！

総務省は２００８年７月、住民基本台帳に基づく全国の人口（08年3月31日現在）を発表した。報道及び総務省のホームページによると、調査開始の68年以来、06年に初めて減少に転じていた全国の人口は1億２７０６万６１７８人、３年ぶりに前年比１万２７０７人増加した。少人数でも少子化に歯止めか、と思わせるニュースであった。

出生者数から死亡者数を差し引いた自然増加数は、出生者数１０９万６４６５人が２年連続で増加しているものの、死亡者数１１２万５５８４人が上回るので、全体ではマイナス。人口動態の特徴を見ると、

①特別区を含む市部の人口割合が全体の約9割（89・60パーセント）を占める。
②東京圏、名古屋圏、関西圏の３大都市圏の人口が過去最高（50・20パーセント）を記録。
③全人口に占める年少・生産年齢人口の割合は調査開始以来毎年減少し、老年人口の割合は毎年増加している。0～14歳の年少人口は13・62パーセント、15～64歳の生産年齢人口64・81パーセント、65歳以上の老年人口21・57パーセント。
④町村部での全人口に占める老年人口の割合は過去最高の25・10パーセント、初めて4分の1を超えた。
⑤人口増加の要因は在外邦人の転入が転出を上回ったこと。

少子高齢化で、学校が地域コミュニティの核になる

日本の人口構成は急速に少子高齢化が進行しており、20年には全人口の約3分の1が65歳以上のお年寄りになると推定されている。1955年には人口の約3分の1が15歳以下の子どもであったので、この50年から100年で、子どもが3分の1だった社会から老人が3分の1の社会へ変貌していく、現在はその過程にあるといえるだろう。そうなると当然、子どものために使っていたスペースを老人のために使うのは合理的であり、この流れはそういった意味からもますます広まっていくに違いない。

ここで学校関係者に気をつけてほしいのは学校に空きができたから、他に「使わせてあげる」という意識をもってほしくないということ。学校が地域の核になるのではなく、地域の核の施設に学校も入れていただく、という意識をもってほしいのだ。

戦前は、地域の共同体意識が人々の暮らしのなかに根ざしていた。それが戦中、「隣組」などと組織化されることで戦争に協力する役割を負わされてしまった。戦後、そうした過去を断ち切ろうとするあまり、地域コミュニティが否定される傾向にあり、今、都市部では地域コミュニティはほとんど崩壊している。新しい地域活動を始めるとき、真っ先に困るのは場所の問題。地域の活動の拠点として使えるスペース、老人のデイサービスのための施設や住民の集会場として使えるスペースをどこに求めるか。少子高齢化の時代の流れのなかで、もっともふさわしいスペースとしてたまたま学校が浮上してきたのである。

地域社会が支えた「寺子屋」が日本の学校教育の原点

学校ができる前、江戸時代までは、地域コミュニティの中心的拠点は、村の鎮守様やお寺であった。明治時代になって全国に学校ができたわけであり、昔の学校は、青年団の集まりもやれば老人会の集まりもやっていた。つまり歴史的に地域コミュニティの拠点としての役割を担った時代もあったのだ。それが日本が豊かになって、他に施設が増え、学校は学校のためだけに使うというようになってしまったのだ。

昔の家庭は狭い長屋に家族がひしめきあって暮らしていたが、だんだん豊かになるにつれ、各自が個室をもつようになった。そのせいで家族の絆が薄れてしまった。それと同じようなことが学校にもいえると思う。家庭にも家族のパブリックスペース、お茶の間が必要なように、地域にとってもお茶の間的な存在が必要。少子高齢化で学校がそのスペースを提供できるような条件が整ってきた今、みんなの税金で作った学校がそのスペースを提供するのは、理に適っている。

01年6月8日、大阪教育大学附属池田小学校で犯人の侵入によって8名の児童の尊い命が奪われ、15名の児童と教師が刃物で傷つけられるという校内殺傷事件が起こった。たしかにあのようなことがあると、たちまち「学校関係者以外は立ち入り禁止」となりがちだが、本来学校は住民のもの。その認識のうえで、「子どもに危険が及ぶようなことをする人は入れません」というべきなのである。

地域で学校を支えるという観点からいうと、江戸時代の寺子屋という制度は見直す価値がある。

明治政府が初めて国民全体が学校に通う義務教育を採用したのはとても意味のあることではあるが、日本における学校教育の原点は、むしろ寺子屋にあると私は考えている。

それは地域住民が寺子屋の運営に深く関与していたと思われるからである。たしかに都市部の寺子屋は先生主導で、「こんなことを教えます」と看板を掲げていたのかもしれない。しかし子どもの数が少ない地方は先生の成り手も少ないはずで、放っておけば寺子屋はいつまでたっても開けない。よって村のみんながお金を出し合い、ふさわしい人物を探し出して教師になってもらい、みんなで維持していったのだと思う。当然、全国共通のカリキュラムなどはない時代であり、みんなで知恵を出し合い、子どもたちに何を教えるべきかを相談しあって決めたことだろう。

明治になって、国家が学校を運営するようになってから、われわれはそういう議論を放棄してしまった。それはとても残念なことだと私には思えるのだ。

4-4 地域コミュニティの崩壊は東京が先頭を切っていないか？

地域コミュニティの崩壊ということでいえば、東京は残念ながらその先頭を切っているといわざるを得ない。地域の学校はどうなってもいい、うちは私立に行かせるのだから。そういう「わが子さえよければ……」という風潮が、とくに東京は強いのではないだろうか。さらに一部には、「うちの小学校はいいけれど、あの中学校に行くのはお奨めしません」「あの学校は荒れているので、私立に行くのをお奨めします」という意味のことを平気でいう公立の教師さえいる。もしそうなら「地域の教育」などということがはばかられる現状だ。「わが子さえよければ」「わが校の生徒さえよければ……」という自分本位な意識は、人間誰しもがもっている。一生懸命になって教育に当たれば当たるほど、その傾向は強くなるともいえる。しかし、それで地域の学校がつぶれてしまったとしたら、本当にそれでいいのだろうか。

保護者や地域は「学校の株主」である

かつて日本ＰＴＡ全国協議会の会長を務められた松井石根さんは、「ＰＴＡの会員や地域住民は、学校の株主であるという意識をもとう」とおっしゃっていた。

たしかに公立学校は、保護者や地域住民が納める税金で運営されているので、彼らは立派な株主といえる。民間企業の株主が、会社の経営内容が悪化しているときに前向きな意見をいうように、地域住民が学校の株主という意識をもてば、学校運営は他人事では済まされないから、前向きな意見をいうはずである。

単に「この学校はいらない」とか「この先生は辞めさせろ」というのではなく、どうしたらもっとよい学校になるのか、そういう視点で意見をいえるはずだというわけだ。

スーパーマーケットのたとえでいうと、「近所のスーパーは品揃えが悪いから他のスーパーに行く」ではなく、自分がそのスーパーの株主であれば、他のスーパーに行ってしまったらその店はつぶれてしまうわけだから、率先してその店の問題点を改善しようとし、その店で買い物をしようとするだろう。

4-5 全国民に課せられた「教育を受けさせる義務」

実は憲法26条には「すべて国民は、法律の定めるところにより、その能力に応じて、ひとしく教育を受ける権利を有する」そして「すべて国民は、法律の定めるところにより、その保護する子女に普通教育を受けさせる義務を負ふ。義務教育は、これを無償とする」との規定がある。

これは大人全体に対して義務を課している規定で、「すべての子どもに教育を受ける権利があり、大人みんなはそれを保障する義務を負います」という意味だ。つまり、子どものある人もない人も、本来はみんなで子どもに教育を受けさせる努力をしなければならない。

他人の頭のなかまで律することはできないが、親だから、教師だから、ではなく、すべての大人が子どもたちの幸せを願い、立派に育ってほしいと思うこと。それは私たちが憲法でも謳っている基本理念なのである。

以前、私は藤野知美さんという不登校の少女と出会って、共著で本を出したことがある（『生きてていいの?』近代文芸社刊）。学校でいじめに遭って苦しんだ経験を発表したい。かつての自分と同じように苦しんでいる人たちを少しでも癒したい。その想いから必死で文章を綴った彼女の原稿に、ふたりの対談や私の提言を合わせて本にしたもの。知美さんの母親が私のかつての同僚だった関係で、私は彼女と知り合った。私と彼女の関係は、彼女が私と話すことを通じて、彼女がものを書くことに協力するというものであった。知美さんのお父さんやお母さんにとっては、もしかしたら私は脇から入って彼女の人生に口出しするいい気なヤツと映ったかもしれない。しかし私は、少し離れた場所から冷静に彼女とつきあうことが、彼女にとっても意味があったのではないかと思っている。

親と教師以外の大人との出会いは、子どもの「生きる力」を育むチャンス

ご飯を作ってくれる人、身の回りの世話をする人、勉強を教える人。そういう大人が子どもには必要だが、他にもじっくり話を聞いてくれる人や別の世界を見せてくれる人など、さまざまな大人との出会いを通じて、子どもは「生きる力」を育むチャンスを得ている。それらの役目をぜんぶ親と教師が引き受けようとするのは、子どもにとっても損なことのように思う。

一方、大人も自分が教師だったり、親だったりという役割の前に、ひとりのおじさん、おばさんで、私も

当時は文部省の役人という立場だったが、その立場以前にひとりのおじさんであった。そういう一個人として、私は知美さんとつきあいたいと思っていた。

当たり前のことだが、大人は一人ひとりが違う人間だ。得手不得手もあれば長所も欠点もある。それぞれの個性をもった大人が、一人ひとりの子どもとかかわっていく。そこから子どもたちは多様な人間とつきあうというのはどういうことか、何かを学んでいくのではないだろうか。

ときに子どもから疎ましがられることもある。こちらは親切に声をかけたつもりでも、相手から変なおじさんを見るような目つきで見られるかもしれない。でも、思えば私たち大人が子どもだった頃も、大人たちが疎ましく思えたことがあったはずだ。だから、どうかあきらめずに周囲の子どもに声をかけることから始めてほしいと思うのだ。

4-6 杉並区立和田中「夜スペ」は報道のまやかし？

東京・杉並区立和田中学校といえば、2003年に東京都の公立としては初の民間人校長としてリクルート出身の藤原和博氏を迎えて以来、矢継ぎ早に教育改革策を打ち出して、全国的な注目を集めている公立中学校だ。

土曜日に教師や学生ボランティアなどが成績下位の子どもたちの勉強を無料でサポートする補習授業「土曜日寺子屋」（通称「ドテラ」）や、政治、外交、ビジネス、時事問題などに即して学校で身につけた知識の実社会での使い方を学んだり、経営者からホームレスまで、社会人の講師を招いて広く実社会について話を聞いたりする「よのなか科」などが、その卓抜なネーミングの効果もあって話題を呼んだ。

「生きる力」を根幹に据えた教育理念をしっかりと確立し、保護者や地域住民、マスコミまでも巻き込んでアイディアを次々と実行してゆく藤原校長（08年3月に退任）の手腕は、並々ならぬものであった。

「夜スペ」は、学校教育ではなく社会教育として見るべき

07年末に和田中は、夜間に大手学習塾サピックスから講師を招いて成績上位の子どもたちを対象に有料で（1コマ500円程度）補習授業を行う「夜スペシャル（夜スペ）」の実施を発表。教育界に大きな論議を呼んだ。

08年1月8日の「夜スペ」開始予定日前日、東京都教育委員会が杉並区教育委員会に対して、「義務教育の機会均等の原則に反していないか」「公立校と特定の進学塾との関係は好ましくないのではないか」「公共施設の利用目的に適うのか」などを疑問として、「夜スペ」の中止を指導。のちに和田中の説明を受けて撤回するという茶番劇が演じられた。

和田中には教師と保護者だけでなく、保護者以外の地域住民も加わった「和田中学校地域本部」という組織がある。「ドテラ」も「夜スペ」も、この「地域本部」が主催する活動、つまり和田

中そのものが行う学校教育活動の一環ではなく、学校教育外の社会教育活動と見るべきなのだ。

07年12月11日のＴＢＳテレビ『みのもんたの朝ズバッ！』に出演した藤原氏は、私（当時レギュラーコメンテーター）の質問に応えて、「地域本部」が学力補充、文化・スポーツ振興のために行ってきた「ドテラ」では、すでに進学塾の講師によって勉強が苦手な子どもたちへの補習授業が行われている。「夜スペ」は「ドテラ」の拡大版であり、補習授業を行う対象を、成績下位の子どもたち以外にも広げようという試みである、と明言していた。

学校教育には機会均等や公平性が必要でも、社会教育の場合はそうとは限らない。むしろ一人ひとりにあわせた柔軟な対応こそが求められる。その前提に立って、個々の教育活動の是非が論じられなければならない。

新聞での報道記事やその見解を読む限り、東京都教委も杉並区教委も石原慎太郎都知事も、いずれも学校教育と社会教育の違いをきちんと分かっていないように思えるのだ。その新聞自体が、「和田中有料授業スタート」などという見当違いの見出しを打つのだから、こちらも勘違いをしているフシがありありだ。

ビジネスの第一線で鍛えられてきた藤原氏一流の広報戦略に幻惑された面があるにしろ、都教委と区教委の応酬は呆れるほどのお粗末さであった。

「PTA廃止」は、藤原氏の巧みな広報戦略

08年3月、和田中は07年度限りで「PTA」を廃止し、これにともなって杉並区PTA協議会、および全国の公立小・中学校PTAで構成される日本PTA全国協議会から脱退することを発表。これも大きな話題となったが、実はこれも、騒ぎ立てるような話ではないのだ。

これまで和田中には教師と保護者で構成する「PTA」という組織があった。同時に教師と保護者に、保護者以外の地域住民も加わった「地域本部」という組織もあった。この2つを「地域本部」に一本化する、というだけの話である。

兵庫県では04年からすべての公立校の「PTA」に教師、保護者だけでなく、地域住民が加わるようになった。兵庫県ではこれを「PTA」の名称で呼び続けているのに対し、和田中では「地域本部」という新しい名称をつけて、あわせて「PTA」の廃止という刺激的なキャッチフレーズで世間の耳目を集めようということなのである。

藤原氏の戦略にマスコミが乗せられただけの話、不勉強な新聞ほど大きな扱いであった。

この「夜スペ」の授業は、近く大阪の中学校でも取り組まれると報道されているが、果たしてどんな展開になるか注目される。あくまでも子どもたちの「生き抜く力」を醸成する方向性を踏み外さないでほしいものだ。

4－7 進化する地域の力とコミュニティ・スクール

２００４年の地教行法（地方教育行政の組織及び運営に関する法律）の改正により、公立学校は、学校運営に一定の権限をもって関与できる機関として、「学校運営協議会」を設置することが可能になった。「学校運営協議会」が置かれた公立学校を「コミュニティ・スクール」あるいは「地域運営学校」と呼ぶ。

公立学校の運営に関して保護者や地域住民など外部の意見を反映するそれまでの施策としては、「学校評議員」の制度があり、00年の学校教育法改正で導入されたもので、「学校評議員」は校長の求めに応じて、個人としての立場で、学校運営に関する意見を述べるものであり、学校運営に直接関与したり、拘束力のある決定を下す立場にはなかった。「学校運営協議会」は、保護者や地域住民の代表者で構成される合議制の機関であり、意見を述べるにとどまらず、校長が策定する教育方針に承認を与える権限や、教職員人事に関する意見を具申する権限が与えられている。つまり「学校運営協議会」は、一部とはいえ公立学校の運営に直接参画することになる。

全国343校の「コミュニティ・スクール」のうち100校が集中する京都

日本で最初に「コミュニティ・スクール」の指定を受けたのは東京都足立区立五反野小学校。三鷹市立第四小学校（当時の校長：貝ノ瀬滋氏・現三鷹市教育長）のコミュニティ・スクールも有名であった。その後08年4月現在で全国で343校の「コミュニティ・スクール」が誕生しているが、そのうちの100校を超えるコミュニティ・スクールを擁する先進地域が京都市だ。

明治維新で地盤沈下の危機感を抱いた京都では「町衆」、今でいう地域住民が先頭に立って、町ごとにほぼひとつずつ、「番組小学校」と呼ばれる64の小学校を作った。日本で初めての地域制小学校の設置となり、明治政府の学制発布（明治5年）に先駆ける壮挙であった。

そういった教育先進地域の伝統がありながら、1950年から30年間続いた蜷川虎三革新府政の間、教育現場でのイデオロギーの対立がはなはだしく、深刻な公立校不信を招いてしまった。ようやく教育再生の機運が高まったのは90年代。生徒のことはさておいてイデオロギー論争に明け暮れた時代の反省に立って、京都市教育委員会、学校、教職員の結束は固く、その取り組みの真剣さは特筆されるべきものであった。地域コミュニティにも元来自治の気風が色濃くあり、地域住民のサポートも熱心であった。

「公教育のモデル都市」と呼ばれる京都市

02年当時、京都市の教育長（門川大作氏・現京都市長）は市立の小・中学校、幼稚園をすべて実地視察し、矢継ぎ早に改革策を打ち出した。

・外部評価を含む学校評価システムの全校実施と結果公表
・授業日数・時間数、人事採用などに関する校長の裁量権を拡大
・少人数学級導入を京都市および市教委がサポート
・教員評価制度の活性化、および希望転任（フリーエージェント）制度の導入
・「みやこ子ども土曜塾」「生き方探求・チャレンジ体験」「トイレ掃除 便きょう会」など数々の教育的プロジェクト
・国の構造改革特区制度を活用し、不登校生徒のための中学校（洛風中）、不登校生徒が大人たちと共に学ぶ夜間中学校（洛友中）、小・中一貫教育ブロック（大宅中、陶化中、京都御池中）を設置
・総合制・地域制の理念に基づいた養護学校の再編

など、次々と改革策を成功させ、今や京都市は「公教育のモデル都市」と呼ばれるようになっている。

市民の意識の高さが支える「京都方式」の統廃合・51校が15校に

これらの改革の多くは教育委員会や学校の力だけで推進・達成できるものではなく、地域住民の理解と協力が不可欠だ。とくに「京都方式」といわれ、全国にその成果が知られているのが、

学校の統廃合における行政と地域住民の協力態勢である。

京都市の児童数は81年から減少の一途をたどっている。ことに都心部ではすでに58年をピークに減少に転じており、６学年あわせて１００人に満たない小学校も現れた。

京都市は将来にわたる児童数減少を見越して83年に小規模校問題の調査プロジェクトを発足させたが、それぞれの学校が「番組小学校」以来の伝統を誇るのだから、統廃合にあたっては相当な抵抗、困難が予想された。

ところが07年までの20年余りで51校の小・中学校が15校に統合されるという、他府県では考えられないようなペースで統廃合が進んでいる。しかも、地域住民の代表者から京都市教育委員会に統合の「要望書」が提出され、市議会での審議・決定を経て条例改正に至る「京都方式」といわれるプロセスで統廃合が行われているのだ。つまり、あくまで地域住民主導、地域住民の議論の積み重ねと合意が統廃合の前提になっているのだ。

市教委は地域住民が討議するための資料・データを提供することでアカウンタビリティ（説明責任）を果たし、ときに議論を整理する案内役に徹している。統廃合の目的が行財政の効率化というような行政側の都合で進められるとすれば、地域住民の抵抗は避けられない。あくまで子どもたちによりよい教育環境を与えるという、教育的視点で諮られたときに、初めて地域住民の理解・納得も得られるのだと思う。

「京都方式」を支えているのは、地域住民のコミュニティ意識の高さだ。地域の子どもたちが学ぶ学校が、行政側から与えられたものでなく、自分たちの地域コミュニティの大切な一部だという共通認識があればこそ、住民たちはベストな選択をするために議論を尽くし、力を尽くすのである。

「学校運営協議会」のメンバーとして学校運営に参画すれば、権限と共に責任も生じる。京都市には現在、100を超える「コミュニティ・スクール」を支えるだけの地域の力があるということである。

「学校選択制」などが取り沙汰されるのは、地域の力が侮られている証拠。全国的に地域住民のコミュニティ意識が高まっていけば、地域の力で子どもたちを支えていけるはずなのである。

第5章　「共生の時代」を生き抜くための教育

世界は地球規模で「共生の時代」を迎えている。世界各国との共生、ますます進むグローバリゼーション構造のなかでの共生、国境を越えた多文化の共生、地球温暖化や環境問題、食料問題、エネルギー問題など「共生」の理念のもとに地球規模で解決に取り組まなければならない。自然環境と人間社会との共生、都市部と地方との共生、ある地方の国立大学は、21世紀は「共生の時代」を切り拓くパートナーの育成を目指し、共生の視点に立って地域社会の要望に応えていかなければならないと強調している。しかも、日本は世界のなかでも「長寿国」となっており、今や「50年生きる日本人」から「100年生きる地球人」を育てる、大きな発想の転換が不可欠となった。まず大人社会の価値観を変えなければならない。

第5章では「シチズンシップで社会的存在感を！」「地球規模のコミュニケーション力をつける」「これからの時代の地球人になるには」「共生の時代を生き抜くために」などについて言及していく。

5－1 大人社会の価値観を変えなければいけない

地球規模での「共生の時代」を迎え、子どもたちの生き抜く力を育むために、大人の私たちはどうしたらよいのだろうか。

たとえば、中学校でいじめによる自殺事件が起きると、しばしば地域のなかから、「事を荒立てずにおこう」、悪い言い方をすれば、「闇に葬り去ろう」という動きが起こってくる。その理由は、死んだ子はもう戻ってこないのだから、それよりも残された子どもたちのことを考えよう、受験を控えているのだから勉強に専念できるよう騒ぎを早く収めてしまおう、というもの。一見正論にも思えてしまうこの意見に、現代の大人社会の価値観が色濃く表れていると思う。死んだ子どもは受験どころか生きていくことさえ阻まれてしまったのだ。生き残った子どもたちの受験を成功させるために、自殺した子どもの死を軽んじていいはずがない。

子どもたちの「生きる力」を育てるなら、大人の価値観から変えよう

「学歴社会をなくそう」「文部科学省も一緒になって改革しよう」といっても、私たち大人社会が変わらなければ、この社会が変わるはずがない。それはまさに大人一人ひとりの問題だ。

お正月に親戚一同が集まった折などに、「あんたの子はどこの学校に行ったのだ」「あそこの学

校はいい」「あそこは悪い」などの話が出る。これだけ社会が変わってきているのに、いまだにそういうことをいっているのは、これはもう差別と一緒。その子ども自身が劣っているわけではないのに偏見の目で見ているわけで、人の身体的欠陥を捉えていじめているのと同じことである。

私はこういった大人社会の価値観全体を変えなければダメだといっているのだ。立派な子どもを育てようとかいう前に、大人のほうが立派になる努力をするべきだ。さらにいえば、他人に注文をつける前に、自分が変わるべきなのである。自分自身から変わろうとしなければ誰も何も変わらない。日常と違う世界に接すること、たとえばボランティア活動やPTA活動、地域の活動など、新しい出会いや世界に触れることで、人間はいくらでも変わることができる。私自身も役所を辞めたことで、新しく見えたことがたくさんある。家と会社を往復しているだけでは見えないものがいくらでもあるのだ。

自らが行動し、価値観を変える。そうすれば、「いい学校に入りさえすれば幸福になる」という思想がいかに表層的で狭いものだったか、気づくはずである。

5-2「シチズンシップ」で社会的存在感を!

「シチズンシップ(citizenship)」という言葉がある。そもそもイギリスで盛んな考え方だが、私流にひと言でいうと、「ええカッコしい」のこと。道で困っている人がいたときに、素通りするか、手を貸すか。手を貸すほうがカッコいいに決まっている。「あいつだけええカッコして」などといわれる。それが「シチズンシップ」である。

日本語に訳すと「公人」。イギリスでは、この「シチズンシップ教育」がとても大切にされている。「シチズンシップ」は、「私」と「公」どちらも大切だとする考え方。どちらも大切だけれども、決して「公」あっての「私」ではない。まず先に「私」が大事。私が大事だけれども、自分さえよければいい、というのではない。「私」が幸福に生きるためには「公」、つまり社会全体も幸福でなければならない。だから自分は社会のためにひと肌もふた肌も脱ごう、というのが「シチズンシップ」の精神である。「日本や世界の人が幸福になるためにどうして私が尽くさなければならないのか?」という狭い考え方を捨てる、そういう教育のことだ。

「公人」とは、損を承知で「ええカッコしい」ができる人

親の立場で例を挙げるならば、自分の子どもは心が正しくて、身体も丈夫で、勉強もできる。だから町内の他の子どもたちがみんな滅茶苦茶でもいいかというと、そうではないだろう。それでは自分の子どもだって幸福にはなれないだろうということだ。

ただ往々にして、「ええカッコしい」というのは、損得で見れば損をすることが多い。言葉を換えれば、損を承知で「ええカッコ」のできる人、それが「公人」というわけだ。自分のことしか考えていない人は別に悪人ではないが、カッコよくないわけである。

ところで、「市民運動」は「市民（シチズン）」だから「シチズンシップ」なのかというと、それはちょっと違う。日本の「市民運動」は残念ながら、「自分さえよければいい」というのが多い。たとえば、「うちの町にゴミ処理場は作らないでくれ！」などと市民運動を展開する。それなら、どこにゴミ処理場を作ればいいのか？

本当の「市民運動」は、「ゴミ処理場はどこかに作らないといけない。それならみんなで合意して作りましょう」というものであるべきで、「私の町だけは絶対反対！」は単なるエゴだ。

「百ます計算」は、「自分だけよければ」の学習

政府も「シチズンシップ教育」が非常に重要だと捉えていた時期がある。2000年に教育改革国民会議を招集した当時の小渕首相は実際にそういうことを語っていたし、中央教育審議会でも、「教養教育とは何か。すべての国民がもつべき教養とは何か」という議論をしていた。当時の根本二郎中教審会長が念頭においていたのは、まさにイギリスの「シチズンシップ教育」であった。しかし、小泉内閣になって、そういう問題意識が消えてしまった。国民も忘れてしまったのである。

象徴的なのが「百ます計算」だ。あれは「みんなでよくなろう」という思想はまったくなくて、ただただ自分だけが速く計算できるようになればいいという世界。それに対して、ちょっと次元が違うが、「総合学習」は、たとえていえば、「みんなでこの町をよくしましょう」ということ。

端的にいえば「総合学習」は、「自分のことを考えつつみんなのことを考える」、「百ます計算」は、「自分のことだけ考える」、そういう学習の手法なのだ。

もちろん、自分のことしか考えない学習も必要だ。だから「百ます計算」をやってもいいし、かけ算の「九九」を覚えるのも自分のためであり、重要なことだ。問題なのは、どちらかに偏りすぎること。私は、自分のことを考え、かつ、みんなのことも考える人を育てていくのが、教育の使命だと思っている。

個人としての願望と、社会がこうであってほしいという願望が一致する社会、それを目指すべきだと思うのである。

「公人」の資格は「投票」――直近の参院選で投票率58・63パーセントでは……?

ところで、選挙の投票に行かない大人が大勢いる。

たとえば国会議員の選挙で、直近の2007年7月に投票が行われた第21回参議院議員選挙の場合、全国の有権者約1億3710万人に対して投票に行った人は、わずか約6806万人。投票率にして58・63パーセントに過ぎない。つまり有権者10人のうち4人以上投票に行っていない勘定だ。私にいわせると、彼らは「公人」ではない。「公人」として生きていくには、選挙で投票する行為が欠かせない。以前は、「うちは貧しくて、働くのに精一杯で投票に行く暇がない」という人たちもいたが、現在のように夜8時まで投票できて、期日前投票もできて、という至れり尽くせりの投票者主体のシステムで投票に行かないというのは、単にサボっているだけだ。私は投票しない人は国民としての権利を制限してもいいと思っているくらいである。誰にも入れたくないならば、白票を投じればいい。まずは選挙に行くこと。投票すること。それが誰にでもできる「公人的行為」だ。

ここで興味深いデータをご紹介しよう。

05年の第44回衆議院議員選挙のときの投票率について、「20～24歳」から「80歳以上」の13の年齢層別に出したデータ（抽出調査）がある。

このときの投票率は07年の参院選より10ポイントほど高い67・51パーセント。

この調査でもっとも投票率が高かったのは「65～69歳」の83・69パーセント。もっとも低かったのは「20～24歳」の43・28パーセントだ。半数近くの若者が投票に行っていないというのは投票に行くという「公人」としての意識の低さに驚きである。次の「25～29歳」の48・83パーセントは、「80歳以上」の52・69パーセントより4ポイント近く低いのだ。ちなみに「40歳以上～59歳」までの層は70パーセントを超え、「60歳以上～74歳」までの層はすべて80パーセントを超え、「75～79歳」層でも75・55パーセントである。

明るい選挙、投票の重要性については、中学校の社会科でも勉強しているはずであり、成人式を迎えたときに「投票に行こう！」と頭に叩き込まれていても、60歳代の人よりほぼ半数しか投票に行っていない事実はどう解釈したらいいのだろうか？

もうひとつの「公人」資格は……「納税」

もうひとつ、「公人」は、税金を納める人のことでもある。「ごまかさないできちんと納めましょう」という以前に、「課税されるだけの収入を得ましょう」「課税されるくらいは働きましょう」ということがある。裏を返せば、この社会は、誰でもきちんと真面目に働けばきちんと納税できるくらいの収入を得ることができる社会でなければならない。

税金を100万円払っている人は、1万円しか払っていない人より偉い、という意味ではない。働かずに誰かのお金で生計を立て、税金も払わない、そのほうが得ではあるだろうが、カッコよくないという話である。

そんな話をすると、子どもや若い人から、「自分だって消費税を払っている。それだって納税じゃないか」と反論されることがあるが、それは違う。消費税と所得税は違うのだ。自分で税を払うということは、自分で稼いだお金から税金を払うという話。その税金が社会に還元されるのだ。

「投票」と「納税」、この2つがそろって実行されてはじめて「公人」の資格を得たといえる。

5-3 地球規模のコミュニケーション力をつける

さて、「公人」として生きるうえで、今後さらに大切になってくることがある。それは地球規模のコミュニケーション力である。21世紀の日本は、日本人もどんどん外国に出て行く、外国の人たちもどんどん日本に入ってくる、そういうことがますます普通になってきたのだ。日本で生まれて、日本で働いて、日本で死んでいくということが、当たり前ではなくなっていくだろう。そういうなかで生きるには、地球規模で活動できるコミュニケーションの力がぜひとも必要である。

コミュニケーションの手段は言語だけではない

しかし、だからといって、「英語教育を小学校低学年から取り入れろ」という話ではない。「コミュニケーション能力＝語学力」、「語学＝英語」と決めつけるのは少々短絡的ではないだろうか。たしかに、コミュニケーションにとって言葉はきわめて重要だ。その言葉のなかでも英語がとくに重要であるというのもそのとおり。しかし、小学校低学年から全員に英語を教えるべきだろうか。そうするならば、そこでいう英語は「世界共通語としての英語」だということをはっきりさせておく必要があると思う。

地球上の言葉は英語だけではない。中国語、韓国語、フランス語、スペイン語、ロシア語、スワヒリ語、マレー語、タイ語……、数限りない言語が世界中に存在している。それを英語だけに絞ってしまっていいのだろうか。

そして、もっと考えなければならないのは、コミュニケーションは言葉だけでできるものだろうかということ。言葉はたしかに大切だが、地球上のすべての言語を習得することはとてもできない。英語が喋れるようになっても相手が英語を知らなければ話せない。フランス語も中国語もその言語が通用する地域の人としか話せない。

では、歌や踊りはどうだろう。突拍子もないことだと思われるかもしれないが、ダンスを踊る、歌や楽器を演奏する、一緒に何かを作るなど、言葉が通じなくても、相手と通じ合える方法は実はたくさんある。料理を作る、一緒に食事をする、絵を描く、写真を撮るなど探せばもっといろいろあるだろう。要は身体や五感を使うなど、「言語以外」の手段でもコミュニケーションはできるのだ。そこには国境はない。

地球規模のコミュニケーションに求められる能力とは

知り合いの外国人からこういう話を聞いた。彼の国を訪ねてきた日本人ビジネスマンが彼の家でのホームパーティーに招かれたときのエピソードである。集まった人々が映画やスポーツ、歴史などを話題に会話を楽しむなか、彼だけが滔々《とうとう》と昼間のオフィスで話すようなビジネスの話をするので、周囲の人たちが大変辟易したというのだ。同席した人たちは、「あの人はビジネスの話しかできないのかね」と思ったそうだ。

また、自分がいかに趣味人か、ということを一方的にまくしたてたうえに、カラオケで自分の好きな歌ばかり歌い続けた日本人にも憮然とさせられたという。

せっかく流暢な英語ができても、これでは真のコミュニケーションは築けない。20世紀後半、日本が高度経済成長を続けていた時代であれば、これでもよかったのかもしれないが、これからの国際社会ではそういう人の活躍は望めないだろう。

むしろこれからは、相手を思いやれる人、相手に関心や好意を伝えられる人、そして個を確立した人、独自の技術や見識をもっている人、これらの特性を兼ね備えた人が地球規模のコミュニケーション力を発揮していく時代なのだ。魚釣りなら誰にも負けない、といった「釣りバカ日誌」のハマちゃんのような人がいれば、言葉はたどたどしくても、そのほうがよほど魅力的である。

5-4 これからの時代の地球人になるには

前出したように厚生労働省が2008年7月31日に発表した日本人の平均寿命は、男性が79・19歳、女性が85・99歳で、いずれも過去最長だ。女性が2位の香港に0・59年の差をつけて23年連続第1位。男性はアイスランド、香港に次いで第3位。男性が前年よりひとつ順位を下げたものの、改めて「長寿国」を示したことになる。平均寿命というのは、現在のゼロ歳児が何歳で亡くなるかを予測した平均値。08年の発表は前年比で男性が0・19年、女性が0・18年延びた計算だ。0歳児の半数が生きると期待される年数では、男性が82・11年、女性が88・77年となっている。

一方、0歳児の将来の死亡原因としてはがんがもっとも高く、男性が30パーセント、女性が21パーセントがんで死亡すると予測。心疾患と脳血管疾患を含む「三大死因」は男女ともに50パーセントを超えているが、医療の著しい進歩でこれらの疾患が完全に治療できるようになると、平均寿命は男性が8・25年、女性が7・12年延びると推計されている。

さて、21世紀の最初の8年が過ぎた今、私は教育の大改革が急務だと考えている。その理由は主に2つある。

ひとつは長寿化。つい50年ほど前まで日本人の平均寿命は50歳であった。それが今は男性がおよそ79歳、女性はおよそ85歳まで延びている。医学のさらなる発達でがんや認知症などが克服される可能性もあるわけだから、今の子どもたちが大人になる頃には、100歳になっているかもしれない。数万年かけて50歳まで生きられるようになった人類が、この50年間で飛躍的に寿命を延ばしたのである。これは人類史上でも驚異のことだ。20世紀後半の大変革といってよいだろう。

この長寿化に伴って、生活サイクルが激変した。人生50年の時代では、最初の20年間でひたすら身体を鍛え、勉強し、そうして蓄えた能力を生かして、世の中のために働いたり子どもを育てたりしてきた。そうやっているうちに30年があっという間に経ち、定年退職や子育てを終えるころには寿命が尽き、人間としての一生は終わっていたのである。

しかし、平均寿命が80歳となると、このサイクルは通用しない。今は定年が60歳くらいでその頃には子育ては終わっているが、それでもあと20年残っている。平均的な日本人なら社会の第一線を退いてからあと20年は生きられる。今まで存在しなかった第三の人生が目の前に出現したともいえる。

「50年生きる日本人」から「100年生きる地球人」を育てる教育へ

もうひとつの理由はグローバリゼーション。「国際化」ではなく「地球化」である。核兵器や生物兵器などの存在、IT技術の発達、地球環境の悪化、食料問題、人口爆発、どれをとっても、「自分の国だけよければあとは知らないよ」で済ませられる問題ではない。一国平和主義や一国経済繁栄主義ではなく、国を超え地球人としての視点で、さまざまな問題を乗り越えていかなければ生きていけない時代が到来しているのだ。地球全体が一蓮托生の時代である。

つまり、長寿化で人生が3サイクルになってきたのと同時に、日本という枠を超え、地球人として生きていかなければならないという、未曾有の転換点に私たちは立たされている。それなのに、まだ日本の教育制度は「50年生きる日本人」を育てていた頃の価値観を引きずっているのだ。これから必要とされているのは、「100年生きる地球人」を育てる教育なのである。

そもそも日本における教育制度の大変革は、これまで二度あった。明治の教育改革と昭和の教育改革。いずれも日本という国そのものが大きく変わる節目で行われた。社会の改革が、教育の改革をもたらしたのだ。

明治の教育改革は明治維新の直後、日本が近代国家に生まれ変わるとき。明治5年に学制が敷かれ日本に学校という制度が導入された。

昭和の教育改革は太平洋戦争に敗れて日本が民主主義国家として再出発するとき。新制中学と新制高校、そして新制大学ができた。

そして三度目の大改革のときが今なのである。

平均寿命が格段に長くなり、活動の領域も圧倒的に広がった時代をそれぞれの日本人が迎えている。そして人類全体が、人類誕生以来常に右肩上がり、豊かになり続けてきた歴史から、初めて右肩下がり、すなわち、豊かさの限界を迎え緩やかに後退する覚悟をしなければならぬところへとさしかかっている。その、まさに数万年ぶりの大変革に対応し得る日本人を育てるためには、教育全体を見直さなければならないのだ。

私は、そのための基本理念が「生涯学習」にあると考えている。

過去の「50年生きる日本人」の時代は、進学校に行って偏差値の高い大学に入り、医者や役人、大企業のホワイトカラーになって高い給料と年金をもらうことが「幸福」とされる生き方であった。また、私を含め今の大人世代が生きてきた80年代、90年代の日本は、経済が右肩上がりに成長し、昨日よりは今日、今日よりは明日がもっと豊かになることを誰もが疑わずにいた。日本人があんなに贅沢をしていた時代は他にない。

バブルが崩壊し、格差社会といわれる今、日本が経済的に繁栄する未来を思い描く人はもういないだろう。私は20世紀後半の日本は異常だったと思う。あの頃の価値観、額に汗せず株や土地を動かして金儲けするほうがカッコいいという感覚は、どうかしていた。時代が変わったのだから、もうあの時代の価値観を子どもに押しつけてもうまくいかない。これからはそれでは立ちゆかないのである。

日本人として日本の枠内で生きていくのではなく、地球規模の生きる力を備えること、そういった視点を子どもたちにもたせられるか。それがこれからの一番のテーマではないだろうか。第1章の冒頭で述べたように、北海道洞爺湖サミットで取り上げられた地球規模で直面している多くの課題、たとえば食料問題。地球全体63億人の胃袋を満たすために、食料をどう増産していくか。それができなければ食料をめぐって戦争が起こる。そうならないために、農業の集約性を高めて食料を増産しなければならない。農地を作るためにはダムも必要。電気を引いたり井戸を掘ったりすることも必要。日本だけが経済的繁栄を誇れればいい、日本だけが食べ物を余らせて捨ててしまえばいい、ということはもはや許されない時代なのだ。

地球社会で日本が貢献できるのは「人材と技術の提供」

世界はいまだに紛争や戦争を克服できないでいる。イラクやアフガニスタンを例に出すまでもなく、宗教的対立、石油問題、経済格差など、不信や憎悪の連鎖を断ち切れずにいる。そんな世界の情勢に対して日本に何ができるか、否、地球人として何ができるのか。少しでも対立を緩和し、核兵器をもちたくなるような状態を解消するために、農業、工業、医療など、さまざまなかたちで具体的に役に立てることがあるはずだ。

日本はご承知のとおり資源が乏しく、食料自給率も低い。そんな日本が世界と共に生きていくために、地球社会に貢献できるとしたら、それは人材を育成し提供することでしかない、と私は思っている。

感情的に日本をよく思わない国があるのは事実。外交官に任せておけば国と国との関係が改善するものでもない。しかし、相手の国の食料事情が悪化しているならば、日本の高度な農業技術を移転し教えてあげられるかもしれない。そうすれば日本の国に親しみを感じてくれるだろう。そこからきっと交流が生まれてくるはずだ。

旧来の日本の「農業高校に行くなんてあいつは落ちこぼれだよ」という見方は、今やまったくの間違いだ。日本の農業高校で教えている農業技術は、どこの国から見ても、「これはすごい！」という水準である。その高い農業技術を身につけた若者が、たとえばアフリカに行って砂漠を緑に変え、農業に取り組む……。実際、「自分の作ったものをアフリカの子どもたちに食べてもらいたい」と、農

業高校で勉強している子どもたちがすでに存在するのだ。

農業だけではない。工業高校、商業高校などで専門的な知識と技術を身につけた人材が、地球規模で見ればいたるところで不足している。知識と技術で役に立つことが日本の国の安全につながるのだ。日本は世界の人材供給源、教育供給源としての役割を果たしていくことができるのである。

「生きる力を育てる」というと、「そんなの当たり前だ」という人がいる。もちろん「生きる力」はいつの時代も必要だ。しかし、これからはとくに必要だということを、私はいいたいのである。高度経済成長期に生きた私たち、戦争も貧困も経験することのなかった私たちは、ことさら「生きる力」がなくても、健康で幸福に生活することができた。しかし、これからは違う。地球社会で生きるという新しい力、未来を生き抜く力が必要なのである。それがどんな力なのか、私たちは考えなければならない。予測のつかない未来に対して、生き抜く力、困難に対応していく力が個々人のなかに絶対必要なのだ。

今、とりあえず、2050年に向けて、生き抜く力が必要なことは、第1章で述べたとおりだ。

阪神・淡路大震災でライフライン復旧に働いた人たち

しかし、私は悲観しているわけではない。むしろ楽観しているといってもいいくらいだ。95年の阪神・淡路大震災のとき広島県の教育長だった私は、広島県から300人の教師を震災ボランティアとして震災地に派遣した。トイレの掃除など被災された方々のお世話をするために行ってもらったのである。行きたいと手を挙げてくれた教師が300人もいたということも大変心強いことであった。実は、被災した方々の救援活動という目的以外に、一市民としてのボランティア経験をこれからの広島県の教育に生かしてもらいたいという気持ちもあって送り出した。

私は広島県を離れられなかったので震災直後には行けなかったが、後から神戸に行った際に市民の方々に震災後、何が一番嬉しかったかを聞いたとき、みんなの答えで一番多かったのは、「電気がついたとき」、その次が「水道から水が出たとき」であった。もちろん、それ以前に根本的なこととして、「食べ物が食べられたとき」というのがあると思うが、それについては震災の一日後には食べられたそうで、それほどには困窮しなかったようだ。電気や水道はかなりの期間使えなかっただけに、「電気がついたとき、水道から水が出たとき、全員で手を取り合って泣いた」と話してくれた。

それではそのとき、いったい誰が電気を通したのだろう。誰が水道を通したのだろうか。関西電力の社長でも、ときの総理大臣でも、兵庫県知事でもない。快適なオフィスで仕事をしているいわゆるエリートではない。全国から電気工事関係の人が集まって不眠不休で電気を通したのだ。あるいは配管工の人たちが集まって、水道を復旧させたのだ。工業高校電気科出身者と工業高校設備工業科出身者らのおかげで、神戸の人たちが涙を流すほど、町が復興していったのである。

私は阪神・淡路大震災は未来の日本から、「日本人よ、目覚めよ」と下された鉄槌だと思っている。6000人を超える犠牲者を出してしまったが、あの震災のおかげで普段何気なく使っているインフラがいかに貴重なものか。電気も水道も食べ物も、今の日本にはいくらでもある。農業も工業も流通も空気のようなものだと思っているが、その仕事に従事している人たちがいかに尊い仕事をしていることか。それがあの震災に直面して初めてよく分かったのではないだろうか。いや、分からなければ犠牲になられた方々が浮かばれない。被災地に派遣した300人の教師も、そのことをきっと痛感してくれたものと思うのである。

「100年生きる地球人」を育てる「生涯学習」の理念

ところで、人工衛星が撮った地球の夜を見たことがあるだろうか。日本列島は隅々まで灯りが点いている。朝鮮半島では韓国のほうは点いているが、北朝鮮のほうは点いていない。中国も沿岸部は点いているが内陸部は真っ暗だ。地球全体で考えたとき、まだ電気が通っていないところ、電話が通ることで涙を流して喜ぶ人たちがどれだけいるのだろうか。

あの子は農業高校、あの子は工業高校、などとその価値を低く見る社会のあり方は許されてはならない。彼らが胸を張って生きる社会、日本のあらゆる子どもたちが地球のために力を発揮できるような、「100年生きる地球人」になるための教育を、何としても進めていかなくてはいけないのだ。子どもも大人も100年心豊かに生きられる社会、そして私たちが地球規模の広い舞台で生きられる社会、それが三度目の教育大改革「生涯学習社会の実現」なのである。

5-5 日本の資源は世界に誇れるマンパワー

前項で、世界の人材供給源として日本が変わるためには、その前に日本の社会を「生涯学習社会」に変えていく必要があると述べた。そもそも「生涯学習」とは、学校教育、社会教育、文化、スポーツ活動をとおして自らを高めていく取り組みであると、法的には定義されている（生涯学習の振興のための施策の推進体制等の整備に関する法律＝通称・生涯学習振興法）。国民が学習する権利を保障する、学習したいと思っている人が「いつでも、どこでも、誰でも」学べる社会を作っていく、要はそういうことだ。「学校」という限られた環境のなかで教師と生徒が相対する教育、つまり学校教育は、生涯学習のひとつに過ぎない。

また、行政は一般の国民より豊富な情報を得ているのだから、日本の未来を想定し、未来社会のビジョンを示すことで、個々人の生涯学習の方向を決める際の助けとならなければならない。

世界の人材供給国となるために必要な「生涯学習社会」の実現

日本の未来社会を考えるとき、「日本さえよければ」では日本は滅びてしまう。日本で教育を受けた若者が世界でその能力を役立てる、さらに十分に教育が受けられない地域の人たちを手助けしていく。「よその国のためになんて働きたくないよ」といわれればそれまでだが、日本人は地球社会の一員として、生きていく道があると思う。国民にそれを義務づけることは間違いだろうが、日本人が生き残るためのもっとも幸福な道筋を誰かが示すことは必要である。

日本が「生涯学習社会」に変われれば、それは実現できる。学びたい人がいつでも学び、いつでも力を発揮できる社会。自己実現できるチャンスが誰にでもある社会。そういう社会になれば、海外に行ってその国の人たちの役に立てるような人材を多数輩出する国になることができるだろう。

ちょっと視点を変えて、世界で活躍できる人間として備えていなければならない資質を挙げてみると、コミュニケーション力のことは前述したとおり。もうひとつ、それは多面的に考える力である。

たとえば環境問題。確かに地球にとって急務の問題だが、だからといって、何が何でも環境優先となってしまっては、環境原理主義に陥ってしまう。相手には相手の事情があり、こちら側の正義や価値観を振りかざすばかりでは、何も前へ進まない。最近、エコは正義か？という反問がなされるのは、原理主義的傾向への反発からだろう。

子どもたちの「多面的思考力」は確実に育っている

今から15年くらい前のことだが、長野県の木曽山林高校の男子生徒からこんな話を聞いた。

「親が割り箸職人で自分も同じ道に進みたいと思ったので林業高校に入った。でも、割り箸は資源のムダ遣いのようにいわれている。分かってはいるけれど、特産である木曽檜の割り箸は文化だと思う。だから僕は割り箸を作ると同時に、自分が使った木の何倍もの木を世界に植えていくことをライフワークとしてやっていく」

よい悪いと誰かに決められた時点で思考停止してしまうのではなく、この男子生徒のように、「それならば自分はそれをどうやって超えていくのか」を考える、そういう多面的な思考力が問われていくのである。

CO_2問題もそうだ。たしかに地球温暖化を考えるとき、CO_2は削減したほうがいいに決まっている。しかし、これから貧しさを抜け出そうとしている発展途上の国にまで、「車を使うな！」というべきだろうか。

ほとんどの問題がこのように一筋縄ではいかない。さまざまな立場に立って、いろいろな角度から考える力、問題解決能力が必要になっているのだ。

世界に散らばった日本の人材が、資源小国日本の孤立を救う

日本ほど教育システムが行きわたっている国はない。誰でもやりたいことがあればそれができる可能性がゼロではない。自分次第で何にでもなれる可能性を誰もがもっている。近年再び映画化された『日本沈没』（小松左京著・小学館刊）という小説のラストは、日本は沈没するが日本人は残るというもの。日本が本当に沈没するかどうかはさておき、日本人が世界に散らばって各

地で感謝される。それは実現できる未来である。教育の力で世界に役立つ人材を育て、世界の人々に感謝され、交流する。それによって輸入に依存せざるを得ない日本が世界のなかで孤立せずにやっていける。それが「生涯学習社会」を成し遂げたときの私のビジョンである。

5－6「共生の時代」を生き抜くために

「生涯学習」ということを考えてきたが、ここで一旦、「教育」とは何かを考えてみよう。

たとえば今ここで、私が誰かとコーヒーを飲むとして、「砂糖を入れたほうが甘いですよ」と私が相手に教えてあげたとする。つまり「教育」である。もし相手がそのことを知らずに、「砂糖を入れたら甘いのだ」と初めて知ったのだとしたら、これは知らなかった時点よりも成長したのだから、「学習」したわけだ。このように教育というのは「学習する」という行為が伴って初めて成立するものである。

よく「生涯学習」をテーマに講演をすると、「じゃあ、誰かが教育してくれないの？」と聞かれる。自分で「学習」するという視点がすっぽり抜け落ちているのだ。「教育」を伴わない「学習」、つまり自分ひとりで「学習」することはあるが、その反対、「学習」を伴わない「教育」はない。それは「教育」とはいわない。先ほどの例でいえば、私が「砂糖を入れたほうが甘いですよ」といっても、相手がすでにそれを知っていれば「学習」にはならないので、「教育」したことにはならないのである。

「学習」なき「教育」はあり得ない

「日本の教育はつまらない」とよくいわれる。子どもたちが「すごい」とも、「面白い」とも思っていないのに、ただ単に教科書に書いてあることを教えるというのは「学習不在」、つまり「教育」ではなく「教育もどき」にすぎない。大学でも、誰も講義を聴かずにほとんどの学生が携帯メールを打っている授業があるという。私は多くの大学で授業をして、まだ一度もそんな光景を見たことがない。きっと、教官の側の「教育」と学生の「学習」が噛み合っていないから、誰も講義に耳を傾けないなんていう事態が起こるのだろう。これも「教育もどき」だ。つまり、あくまで「学習」ありき。「学習」なき「教育」はあり得ない、と肝に銘じるべきだろう。

その観点からすると、「生涯学習社会」を実現するために、何が必要であるかが見えてくる。「生涯学習」は、高齢者だけを対象にしたものではなく、いずれ高齢者になるすべての人を対象にしたものだ。つまり、人間は死ぬ直前まで学習するチャンスがあるとすると、若死にする人以外は高齢者になっても学習できるわけだ。しかし、社会の第一線を退いてから、「さあ、自分のために勉強するぞ」と思っても、それまでにそういう力がついていなければ、どうしていいか分からない。「濡れ落ち葉族」「バーンアウト症候群」など、定年退職後に途方に暮れてしまう人たちを私はたくさん見てきた。自分の父親など、その典型だった。自分で学び、自分で向上しようという訓練や経験をもっていない人が、高齢者になってからどうしていいか分からずに茫然とする。そんな老後は誰にとっても好ましくないはずだ。

だから、子どもの頃から自分で学習できる力を養うこと、それが「生涯学習社会」を作るときの前提条件になる。社会のほうも当然、その受け皿になるような整備を進めていく必要がある。経済状況の厳しい家庭の子どもも、自らが希望すれば学習できるような場所を増やしていく。たとえば図書館など無償の社会教育機関を増やしていくといった施策のことだ。

能動的に学習する力を身につけるのが「生涯学習」の第一歩

それでは、子どもの頃から自分で学習する能力は、どうやって培えばいいのだろうか。

たとえば歴史。「1192《いいくに》つくろう鎌倉幕府」を覚えた。以上終わり。試験が終わったから忘れた。ではなく、公家の貴族の時代があったから、次は武士の時代がきた、そういうふうに歴史には大きな流れがあるのだな、うまく関係しているのだな、などと時間を見渡す力がまずは必要だ。その力があれば、今ここにある時代も不変ではないことが分かってくる。そして、「それじゃあ、変わるとするとどう変わるのだろう?」と、さらにその先を見通す力が芽生えてくる。そうやって歴史的思考が培われていくのである。

学力低下を言い立てるために、東大教育学部の学生が鎌倉幕府のできた年を1192年だと知らない、と喧伝した大学の先生がいた。さすがにこの先生は、自分のこの発言をのちに取り消したが、それは見識というものだろう。現在の歴史教科書を見るといい。「鎌倉時代は１１８５年に始まった」、「鎌倉幕府は１１８５年から１１９２年の間に段階的に成立した」などと書いてある。年号などの細かい事実は、新発見がなされる度に書き換えられる可能性がある。しかし、歴史の流れは変わらない。その流れをつかみ、一つひとつの事象を歴史的思考で組み立てることこそが大切なのである。

　ちなみに、忙しいからとか、どうせ自分の１票では変わらないとかいって選挙に行かないという人は、「１《い》１《い》９《く》２《に》つくろう」というのだけを覚えているような人ではないだろうか。長い歴史を見れば社会は必ず変わるものであると分かるはずだ。選挙に行かないというのは歴史にかかわる権利を放棄した、ということなのである。

　つまり、「生涯学習」の考え方は、誰でも学習して向上していくことができるけれども、向上していくかいかないかは、本人の意欲次第。行政はそのための制度やインフラは作るが、結局は誰も自分を向上させる責任を負ってはくれない、ということだ。

　子どもの頃であれば、親がその責任をもつだろう。しかし、大人になってからは誰もそんなことはやってくれない。子どもの頃から受け身で勉強するのではなく、自分から能動的に学習する力を養う、そういう学習スタイルを身につける。それが「生涯学習」の第一歩だといえる。

新しい「アジア人」の育成をめざすコリア・インターナショナルスクール

文部科学省を辞めた後、ある週刊誌に「『ゆとり教育の元凶』がゆとりなきエリート校の理事に」という記事が出た。この「元凶」とは私のこと。私が大阪府茨木市のコリア・インターナショナルスクール（コリア国際学園、ＫＩＳ）の理事をしていることを糾弾したのである。この学校は、正規の学校法人として認可されていない、法的には「私塾」にあたる学校。中・高一貫校で、基本的に一般の中学・高校と同じ教育をすることを謳っている。

この週刊誌は、「『ゆとり教育』を推進してきた人間が、年間の授業時間数も一般の中学・高校より多く、土曜日も授業を行う学校の理事をするとは何事か、いっていることとやっていることが矛盾しているじゃないか」と批判したわけである。さらに、「日本の学校には子どもの学力が低下するような政策をしておきながら、在日韓国人をはじめ、この学校に入学する日本人にはエリート教育をするつもりなのか」とまで書かれた。

しかし、これは単に授業日数と授業時間だけを見て物事を結論づけようとするもので、「木を見て森を見ず」の最たる例だ。授業の量は、枝葉末節の問題で、要は何を目的に教育という手段を使おうとするのかが重要なのだ。

ところで、ＫＩＳに通う生徒たちは、なぜ北朝鮮系あるいは韓国系の民族学校や日本の学校ではなく、正式な認可も受けていないこの学校に入学するのだろうか。それはこの学校が国際的なアジア人の育成を目標に掲げた学校だからである。英語やコリア語、日本語を身につけて、オールアジアの視野からさまざまな分野で活躍したいという思いを抱いて生徒たちは入学してくるのである。授業はコリア語・英語・日本語の3ヵ国語を使い、国籍にとらわれず東アジアをまたぐ「越境人」、つまり新しい「アジア人」の育成を目指している点に大きな特徴がある。

2008年の入学生のなかに唯一の日本人がいる。彼は英語とコリア語を同時に学ぶには最高の環境だと思い、入学を決めた。「外から見た日本と、日本からみた韓国の両方を知ることができる。周りが在日コリアンということは関係なく、逆に文化の違いを楽しみたい」と話しているという。

このように自分のキャリアが定まったとき、子どもたちは一生懸命勉強する。自分なりに道筋を決めた生徒たち、つまり非常に学習意欲の高い生徒たちだから、3ヵ国語を教えるために語学の授業時間は多く割かなければならないし、各国の政治や歴史も教えていかなければならない。とくに歴史教育は、一定の歴史観に偏った教科書を丸暗記すればいいというものではなく、アジアのすべての国の立場から歴史や政治を考えるような授業をしなければならない。またさらに大学受験をする生徒のためには、大学入学資格検定の授業までしなければならないのである。

KISは、まだ小規模な存在だ。経営も決して楽とはいえない。しかし、松下村塾も慶應義塾も最初はそうであったように、未来への希望には満ちている。世界中が協調して共生していかなければならない時代を前にして、まず、日本、韓国、北朝鮮の東北アジアが協調し共生する状況を作っていく。そして次には中国、アジア諸国……というふうにその関係を広げていく。それが、この学校で学ぶ生徒たちと、彼らに教育を提供する私たち学校関係者の夢であり希望なのである。

「生涯学習」は、永遠に向上しようとする人間を育てる

人間はたしかにもって生まれた性格や能力がある。たとえばAという人が何かのテーマについて10理解したとする。別のBという人は3しか理解していないとする。その差し引き7の差をもってBのほうが愚かだといいたいのではない。3を4にしようとしないとき、その人は愚かだと、私はいいたいのだ。3の力を4にしようとする。4になったら今度は5を目指す。そういう個人を支えるのが「生涯学習社会」だ。

30分前よりもよりよい人間であろうと努力する。死ぬ前日、死ぬ瞬間まで、何か新しい体験をしたり、新しい知識を得たり、そうやって自分を豊かにしていくことだ。

自分が昨日よりも今日よりよい人間になった。それは損か得かでいったら、損である場合もあるだろう。しかし、気持ちがよいか悪いかでいったら、気持ちがよいに決まっている。だから、毎日気持ちのよいことをしましょう、ということだ。

小さい子どもに、「ゴミを捨てるな」というよりも、「ゴミが落ちていない状態は気持ちがよい」ということを意識してもらう。「ゴミを捨てたら怒るぞ」とやれば、子どもはそれに従うだろうが、それでは「パブロフの犬」と同じこと。同様に、「この問題をやらないと、叩くぞ」とやるよりも、「分かる」ことの気持ちよさを知ってもらうことだ。ピアノでも水彩画でも、よりきれいな音楽、

よりきれいな絵を自分の力でここに出現させたいと思うかどうか。ピアノを弾くのが下手とか、絵を描くのが苦手とか、そういう問題ではない。

よりよい人間になろうと永遠に思い続けること、そういう人間を作ることが「生涯学習」の目標なのである。

5-7 文化を学び・文化を教える、京都造形芸術大学

ところで、私が現在教授を務めている京都造形芸術大学（1977年開学）というのは、相当変わっているというかユニークな大学だ。授業料は一般の私学の5割増し、国立の3倍くらいするけれど、それでも学生が集まる。満足度も高い。彼らがやりたい芸術の勉強がしっかりできるということもあるのだろう。しかし、もうひとつの大きな魅力は、学校のポリシーが非常にはっきりしているということである。

建学の理念は、松下村塾を作った吉田松陰の考え方にならい、「高い理想を掲げて、若者たちと共に歩むこと」。「松陰と同じ気持ちで、若者を信じて、彼らに未来を託す以外に道はない」というのが、創立者でもある理事長の思いだ。そしてその「高い理想」として掲げるのは、「芸術こそが戦争を阻止し、平和を作る」「自分の幸せのためだけではなく、多くの人々の幸せのために芸術がある」との信念なのである。

学生たちも、この理念に惹かれて集い、「高い理想」を共有している。「芸術は多くの人を幸せにするためにある」のか「芸術は自己満足のためにある」のか、という問いかけに、他の芸術系学校では7割が「自己満足」と答えたのに対し、京都造形芸術大学の学生は8割が「多くの人の幸せ」と答えた。

その背景には、学生たちの大学に対する信頼と愛情があると、私は感じる。この大学は、「大学のために学生があるのではなく、学生のために大学がある」という考え方が徹底している。理事長は、この考え方に納得しない教職員は去れ、とまで明言しているのである。まさに、学習者である学生を大切にする生涯学習時代の大学といえよう。生涯学習の振興をライフワークに定めている私には、ぴったりの職場だ。実際、併設の「こども芸術大学」では3歳から、通信教育部では94歳まで幅広い年齢層の人たちが学んでいる。

「文化」とは、あらゆるほかの人と共生する知恵の謂である

「文化」は21世紀の成熟社会のキーワードだ。学生に、「戦争の反対語は何ですか?」と聞いてみると、「平和です」と当たり前のように答えるが、正解は違う。評論家・劇作家で有名な福田恆存氏(1912~1994年)は「平和とは『戦争がない』状態にすぎない」、といい残している(著書『日本への遺言』文藝春秋刊、他)。国と国との争いが戦争なら、確かに平和は争いがない状態をいう言葉だ。ただ平和であればいいだけでなく、肝心なのは仲良くすることだ。喧

嘩をすることの反対は喧嘩をしないことではなく仲良くすること。つまり「文化」とは、他者と仲良くする知恵のことである。たとえば私が、知らない人の前で下手くそなりに歌を唄ったとする。そうしたら「なーんだ、こんなに下手なのだ」と親しみを感じてくれるだろう。そうやって人それぞれが違うということを発見していくことが「文化」である。違うけれども仲良くしようということを作っていくのが「文化」である。

今は平和な時代なのだから、みんな違っていいではないか。早い人、遅い人がいていい。早い人は遅い人の手伝いをすればもっといい。これからの時代は、もう争いの時代ではない。今戦争なんかしたら地球が滅びてしまうことを誰もが知っている。争わなくてもみんなでやっていく知恵、そうやって心をひとつにして共生していくこと、それが「文化」なのである。

だから、「文化」を尊重できない成熟社会というのはあり得ない。成熟社会は、戦争という手段や政治力、経済力で問題を解決していかずに、みんなの心で解決していく社会だ。ひと握りの指導者が決めるのではなく、みんなの合意が次第に形成されて、環境問題も食料問題も解決していく。そうあるべきである。たとえば地球の環境を守るために、「みんなで少しずつガマンしよう」ということが、大国の論理で決まるのではなく、みんなの「シチズンシップ」によって決まる社会。そういう社会を京都造形芸術大学は目指しているのである。

「大学は学生のためにある」ことを宣言

京都造形芸術大学の入学式や卒業式で、理事長が宣言する。

「この大学は君たちのためにあるのだ。大学のためにあるのでも、教員のためにあるのでもない。君たちがいて、君たちが授業料を払って、君たちが学ぼうと思うから、それに対応するためにこの学校を作った。そこにいる先生たちは君らの授業料から給料をもらっているのだ。だから君たちがこの学校に不満があったら、いつでもいえ。君らが不満に思うなら、どんな言い訳をしたって学校が悪いということなのだ。ここは、君たちが学ぼうとすることを学ぶ場なのだ」

このスピーチを聞いて、泣く新入生がいっぱいいる。この学校が真摯に自分を受け入れてくれていることに感激して泣くわけである。

私の授業のときも、私語なんてまるでない。出席率も高い。授業が終了した後、どうかすると学生の4分の1くらいが私のところに、「ありがとうございました」といいにきてくれる。こちらがびっくりするほどだ。その「ありがとう」は、私を讃えるためのものではなく、「今日はよいことを学びました」という意味で、私に限らず、他の教官に対してもそうだ。

意欲のある人間がそれに応える場を手に入れたとき、学ぶ力は最大限に発揮される。

子どもや若者たちに、「文化」と「生涯学習」で「希望」の光を！

01年にアメリカで「9・11」が起こり、世界の緊張はまた一気に高まった。環境問題も切実だ。

「そんなときに『文化』が何だと、何と呑気な」という人がいるだろう。たしかに「文化」でみんなの心をひとつにし、平和を実現するのは容易ではない。しかし、生涯学習を通じてこそそれができるのである。

私は09年の正月に、ひとつのテーマを決めた。「希望」である。「希望」は若い人と子どもにたくさん詰まっている。「希望」をもった若い人が、これからもっとよくなっていくためのお手伝いをしたい――それが私にとっての「希望」である。

作家の村上龍さんが00年に書かれた小説『希望の国のエクソダス』(文藝春秋刊)は、話題になった小説だ。中学生たちが社会に対して「反乱」を起こすという刺激的な物語。そのなかで鍵になる言葉が、「この国には何でもある。だが、希望だけがない」だ。たしかに9年前にはそうだったかもしれないが、今は、何でもある、とはいいにくい状態だ。何でもあったはずのものが、どんどんなくなっていくように思われる。

安全、安心、自信、豊かさ……年金は破綻しかかっている。現在のような充実した医療が受けられなくなる。食品、環境、治安なども心配だ。……何でもあったはずの社会が、何もなくなってしまうかもしれない。たった9年の間に、そんなことになってしまった。

もちろん、これはすべて私たち大人全員の責任だ。800兆円を超える借金を作ってしまったのも大人。皆さん方若い人たちに、これだけ大きな借金を共同負担してもらうばかりか、将来の福祉や医療に多くの不安を残してしまった。しかも、ワーキング・プアなどという言葉を流布させてしまうような労働不安まで起きている有様だ。

では、どうしようもないのか。そうではない。「希望だけがない」といわれた「希望」を、もつことはできる。希望は心の問題だ。不安や心配はあっても、それを解決しようという意思をもてば、そこには「希望」が生まれる。

若い皆さんに希望をもってもらえるようにするのはもちろん、われわれ大人の間にも希望を芽生えさせたいものである。

子どもひとりに、大人6～7人の時代

今の社会に「希望」がないなどと私は思わない。学力が落ちたといわれる今の大学生も、直接つきあってみた実感としてそうは思わない。みんなよいところもあればダメなところもある。十把一絡げではなく、一人ひとりの子どもを見なければ、大切なことを見落としてしまう。今は子どもひとりに大人が6～7人いる時代だ。それなのに一般論として子どもを語るばかりで、一人ひとりを見て、「この子はどうだろう」というふうに真剣に考えていない。「不登校」といっても、温かく見守ったほうがいい場合もあれば、それではダメな場合もある。

少子化が進むなか、どの子どももかけがえのないひとりの子どもなのだから、「日本の子どもは」とか「今の子どもは」などの切り口で語るのは、もうやめにしよう。

定時制高校の卒業式、新調の背広を着ている彼らは誇らしげに輝いて見えた。公立小学校の卒

業式、卒業証書を受け取る一人ひとりの児童の姿に成長の仕草があった。

今はひたすら2050年に向けて、生き抜く力を身につけてほしい。

「生涯学習」と「文化」、この2つを指針に社会を、そして教育を改革していけば、新しい若い人たちが、きっと新しい世界を切り拓いていってくれると私は信じている。

あとがき

今が世界の大きな変わり目にあることが、ますますはっきりしてきた。

アメリカでは、CHANGE！　を合言葉にした若きオバマ大統領が誕生したし、日本でも、近づく衆議院選挙では政治の根本的変化が予想されている。

そうした背景には、派遣労働問題をはじめとする若者の閉塞感がある。若者が明るい気持ちになれないような社会は、誰にとっても幸福な社会ではないだろう。

一日も早く新しい時代の新しい教育を定着させ、子どもたちや若者に夢と希望を掴んでもらいたい。そういう思いでこの本を書いた。

学力低下だの規範意識がないだのと、子どもや若者を悪くいう言説はもうたくさんだ。彼らと共に真剣に未来を考えよう。

本書を、亀井一元さんへ捧げたい。

この本を企画し、まとめるためのプロデューサー役でもあった亀井さんは、2008年暮れに急逝された。

亀井さんとは、1991年に大分県で行われた全国生涯学習フェスティバルで一緒に仕事をして以来の友人である。私よりだいぶ年長の亀井さんが、生涯学習という理念に共鳴してくださり、それからずっと主義主張を共にしてきた。

映像の世界で活躍してきた亀井さんが教育のほうに強い関心を持ち始め、さまざまなところでご一緒したものである。私の教育講演のビデオ化シリーズを手がけていただいたのもそのひとつだ。

この本は、そうした20年近いつきあいの集大成として作ったつもりである。亀井さんは、プロデューサーとして私の執筆を助けてくださった。足かけ2年を要して完成原稿がまとまったとき、ちょうど2008年という世界の変わり目の年と一致してよかったね、と話したところだった。完成原稿を読んでいただけたのが、せめてもの慰めである。

合掌。

2009年4月

寺脇　研（てらわき けん）
1952年福岡市生まれ。
75年文部省入省。初等中等教育局職業教育課長、
広島県教育委員会教育長、文部省高等教育局医学教育課長、
生涯学習局生涯学習振興課長、大臣官房政策課課長、
文部科学省大臣官房審議官生涯学習政策担当を経て、
2002年に文化庁文化部長。2006年に文部科学省大臣官房広報調整官。
同年11月退職。現在、京都造形芸術大学教授、映画評論家、
NPO法人教育支援協会チーフ・コーディネーター、
日本映画映像文化振興センター副理事、
コリア国際学園理事を務め、多方面に活躍している。
主な著書に、
『動き始めた教育改革—教育が変われば日本が変わる!!』（主婦の友社）、
『中学生を救う30の方法』（講談社）、
『生きてていいの？』（藤野知美さんと共著／近代文芸社）、
『格差時代を生きぬく教育』（ユビキタ・スタジオ）、
『それでも、ゆとり教育は間違っていない』（扶桑社）、
『さらばゆとり教育』（光文社）、『官僚批判』（講談社）、
『憲法ってこういうものだったのか！』（姜尚中氏と共著／ユビキタ・スタジオ）、
『百マス計算でバカになる　常識のウソを見抜く12講座』（光文社）など多数。

2050年に向けて生き抜く力

2009年4月10日第1刷発行

著　者　寺脇 研
発行者　阿部黄瀬
発行所　株式会社　教育評論社
〒103-0001
東京都中央区日本橋小伝馬町2-5　F・Kビル
TEL 03-3664-5851
FAX 03-3664-5816
http://www.kyohyo.co.jp
印刷製本　文化堂印刷株式会社

ISBN 978-4-905706-38-0　C0037